BACKEN
für Faule

BACKEN
für Faule

Text: Martin Kintrup
Fotos: Coco Lang

DIE GU-QUALITÄTS-GARANTIE

Wir möchten Ihnen mit den Informationen und Anregungen in diesem Buch das Leben erleichtern und Sie inspirieren, Neues auszuprobieren. Bei jedem unserer Bücher achten wir auf Aktualität und stellen höchste Ansprüche an Inhalt, Optik und Ausstattung. Alle Rezepte und Informationen werden von unseren Autoren gewissenhaft erstellt und von unseren Redakteuren sorgfältig ausgewählt und mehrfach geprüft. Deshalb bieten wir Ihnen eine 100%ige Qualitätsgarantie.

Darauf können Sie sich verlassen:
Wir legen Wert darauf, dass unsere Kochbücher zuverlässig und inspirierend zugleich sind.
Wir garantieren:
- dreifach getestete Rezepte
- sicheres Gelingen durch Schritt-für-Schritt-Anleitungen und viele nützliche Tipps
- eine authentische Rezept-Fotografie

Wir möchten für Sie immer besser werden:
Sollten wir mit diesem Buch Ihre Erwartungen nicht erfüllen, lassen Sie es uns bitte wissen! Nehmen Sie einfach Kontakt zu unserem Leserservice auf. Sie erhalten von uns kostenlos einen Ratgeber zum gleichen oder ähnlichen Thema. Die Kontaktdaten unseres Leserservice finden Sie am Ende dieses Buches.

GRÄFE UND UNZER VERLAG
Der erste Ratgeberverlag – seit 1722.

BEQUEMMACHER

- 8   Bequeme Grundregeln
- 9   Bequeme Lebensmittel
- 10 Bequemes Zubehör für faule Bäcker
- 11 Kleines Backformenkabinett

FIX GERÜHRT

- 14 Die schnellen 4 für Rührkuchen & Co.
- 16 Sandkuchen
- 18 4 x schnelle Kastenkuchen
- 20 Marmorkuchen im Glas
- 22 Apfel-Mandel-Kuchen
- 24 Aprikosenkuchen mit Streuseln
- 26 Mohn-Kirsch-Kuchen
- 28 Pekannuss-Brownies
- 30 Heidelbeermuffins
- 32 4 x schnelle Cupcakes
- 34 Herzhafte Partymuffins
- 36 Antipastikuchen

RATZFATZ GEKNETET

- 40 Die schnellen 4 – nicht nur für Flottes aus Knetteig
- 42 Weißer-Schoko-Käsekuchen
- 44 Nuss-Nougat-Kuchen
- 46 Zitronentarte
- 48 Pfirsich-Holunder-Galette
- 50 4 x schnelle fruchtige Crumble und Cobbler
- 52 Feta-Kartoffel-Quiche
- 54 Piadina
- 56 Lachs-Mozzarella-Torteletts

LOCKER AUFGEGANGEN

- 60 Die schnellen 4 für Hefekuchen & Co.
- 62 Hefezopf
- 64 4 x schnelle Blechkuchen
- 66 Kokosschnecken
- 68 Pralinenbuchteln
- 70 Sonnenblumenbrot ohne Kneten
- 72 Herzhafter Rosenkuchen
- 74 Mini-Focaccia

LÄSSIG AUSGEROLLT

- 78 Die schnellen 4 fürs lässige Backen
- 80 Pflaumentartes
- 82 Tarte Tatin
- 84 Kirsch-Knusperschnitten
- 86 Ingwer-Schweineöhrchen
- 88 4 x schnelle Teigtaschen
- 90 Gemüse-Tofu-Strudel
- 92 Garnelenküchlein
- 94 4 x schnelle Flammkuchen
- 96 Hackfleisch-Lauch-Pide

REINE FORMSACHE

- 100 Die schnellen 4 für Plätzchen & Co.
- 102 Zitronen-Ausstecherle
- 104 Schoko-Macadamia-Cookies
- 106 4 x schnelle Xmas-Plätzchen
- 108 Haferplätzchen
- 110 Alfajores
- 112 Cantuccini mit Nüssen
- 114 Nuss-Schnittlauch-Plätzchen

EINFACH ÜBERRASCHEND

- 118 Die schnellen 4 für Backstuben-Überraschungen
- 120 Schokokuchen ohne Mehl
- 122 Käsekuchen ohne Boden
- 124 4 x schnelle Törtchen
- 126 Wein-Trauben-Flaugnardes
- 128 Polenta-Pizza
- 130 Herzhafte Käse-Nuss-Ecken

PANNEN VERMEIDEN & PANNENHILFE

- 132 Wie verhindere ich, dass ...
- 134 Was mache ich, wenn ...

- 138 Register
- 142 Impressum

143 EINKAUFSZETTEL

auch zum Download auf
www.gu.de/backenfuerfaule

DER MENSCH LEBT NICHT VOM BROT ALLEIN, ...

... auch ein Stückchen **frisch gebackener, noch lauwarmer Kuchen,** eine Scheibe mit Butter bestrichener **luftiger Hefezopf** oder hauchdünner, **knuspriger Flammkuchen** lassen die Herzen eines jeden Gebäckfans höher schlagen – **vor allem, wenn alles aus der eigenen Backstube kommt.**

Gleichzeitig gilt Backen immer noch als aufwendig, kompliziert und nicht alltagstauglich. Das können Sie ab sofort getrost vergessen. Denn spätestens jetzt heißt es: **Schluss mit den Vorurteilen!**

Mit »Backen für Faule« **hält die Bequemlichkeit endlich Einzug in die Backstube.** Nun müssen sich Freizeitbäcker »ihr Brot nicht mehr sauer verdienen«, mit **zahlreichen einfachen, kreativen Rezepten** wird das Backen – egal ob Kuchen, Brot, Plätzchen oder Herzhaftes – **kinderleicht** und **der Arbeitsaufwand dabei auf das absolut Notwendige reduziert.** Doch was zeichnet die faule Backstube eigentlich aus?

Wir verzichten auf allzu komplizierte Zubereitungen: **ein Teig, ein simpler Belag oder eine fixe, aber schmackhafte Füllung** – fertig! Wo es hilft, greifen wir auch mal zu einem Fertigteig oder anderen superpraktischen, bereits backfertigen Zutaten, wie etwa einer Kirschgrütze aus dem Kühlregal. Alle Lebensmittel bekommt man beim **Supermarkt um die Ecke,** lange Einkaufswege ade.

Faul backen heißt auch **Zeit sparen** – bei keinem Rezept benötigen Sie für die Zubereitung länger als 30 Minuten, viele sind bereits **in 15–20 Minuten startklar.** Dann heißt es nur noch warten, bis das Gebäck saftig, mürbe oder knusprig und gebräunt aus dem Backofen kommt.

Natürlich können wir nicht auf jeden Handgriff verzichten, **Rühren, Kneten, Füllen, Ausrollen oder Ausstechen** müssen je nach Rezept einfach sein. Es war uns aber wichtig, jeden Schritt **so einfach wie möglich** zu gestalten und die Rezepte so zu entwickeln, dass **nicht zu viele und keine allzu komplizierten Handgriffe** nötig sind.

Und zu guter Letzt, wenn Kuchen, Törtchen, Cupcakes & Co. fast schon auf dem Esstisch stehen, gibt es keine umfangreichen Dekorationsorgien mehr, alles wird **auf die Schnelle ganz bequem verziert.**

Haben nun auch Sie Lust aufs Backen bekommen? Dann sichern Sie sich schnell – und ganz faul – Ihr Stück vom eigenen Kuchen!

BEQUEMMACHER

BEQUEME GRUNDREGELN, ...

...die das Backen auch für Faule kinderleicht machen, sind ...

...Simplify your Baking: Alle Backrezepte in diesem Buch wurden so weit wie möglich vereinfacht, komplizierte Arbeitsschritte, aufwendiges Schnibbeln und sehr lange Zubereitungszeiten bewusst vermieden. Ganz ohne Kneten, Rühren und den ein oder anderen Handgriff kommen aber auch die einfachsten Rezepte nicht aus.

...Eile mit Weile: Damit Backen nicht in Stress ausartet, sondern schön rund läuft, ist es praktisch, zu allererst die benötigten Zutaten bereitzustellen. So kann alles in einem Rutsch verarbeitet werden. Und genau so sind auch die Rezepte beschrieben: Die Arbeitsschritte werden in einer logischen Reihenfolge ausgeführt – zeitsparend und faul. So macht Backen Spaß!

...Downsizing: Wer braucht schon immer einen ganzen Kuchen oder eine Riesentorte. Weil das im Alltag selten vorkommt, finden Sie in diesem Buch zahlreiche Rezepte, die auch von kleineren Gruppen verputzt werden können, etwa kleine Törtchen im Glas, Cupcakes, Muffins, Blätterteigteilchen oder herzhafte Torteletts. Aber keine Angst: Es gibt ebenfalls große Kuchen, mit denen Sie spielend eine ganze Meute satt kriegen!

...Probieren geht über Studieren: Bewährte Gebäckklassiker sind beliebt und sollten in einem Backbuch nicht fehlen. Um alte Backhasen trotzdem zu überraschen, wurden diese Traditionsrezepte durch ausgefallene Variationen und neue Kreationen ergänzt. So ist eine bunte Mischung aus einfachen bis extravaganten Rezepten entstanden, die zum Ausprobieren einladen – und garantiert immer easy gelingen.

BEQUEME LEBENSMITTEL ...

... erleichtern das Backen. Schnell besorgt oder aus dem Vorrat sind diese Produkte ...

... aus dem Backregal: Mehl ist der Grundstoff (fast) aller Kuchenträume, gerne kombiniert mit Speisestärke. Zucker (Haushaltszucker, Puderzucker, Hagelzucker) und Salz sind ebenso unverzichtbar. Dazu kommen wichtige »Helfer« wie Backpulver, Hefe (frisch, in Trockenform) und Gelatine (Blätter, Pulver). Aroma geben Vanillezucker, geriebene Zitronen- und Orangenschale, Bittermandel- und Rumaroma, Zimt- und Kakaopulver. Auch nicht fehlen dürfen Nüsse (Haselnüsse, Walnüsse, Macadamianüsse, Pekannüsse) und Mandeln – ganz, gemahlen, gestiftelt, als Blättchen –, Trockenfrüchte (z. B. Cranberrys), Kokosraspel, backfertige Mohnmischung, Nussnougat, Marzipanrohmasse, Kuvertüre, Schokotropfen und bunte Zuckerkugeln zum Verzieren.

... aus dem Tiefkühlfach: Ein Muss für die faule TK-Ausstattung sind (gemischte) Beeren, Spinat, Garnelen und Kräuter – kein Putzaufwand, teilweise sofort noch gefroren einsatzbereit.

... aus dem Kühlregal: Nichts geht ohne Butter, Quark, Naturjoghurt, (saure) Sahne, Schmand, Crème fraîche, Mascarpone oder Milch. Genauso wichtig sind aber Reibekäse, Frischkäse, Speck- und Schinkenwürfel. Außerdem sollten Kirschgrütze, Pizza- und Blätterteig, Filo- und Yufkateig immer in der Nähe des faulen Bäckers sein.

... aus anderen Ecken: Eier (M), Zitronensaft, Aprikosenkonfitüre, Haferflocken, Kekse, Schokolade, Vanillepuddingpulver, Holunderblütensirup, neutrales Öl, Pesto alla genovese, Aprikosen, Pfirsiche und Mais aus der Dose, frische Äpfel und Pflaumen – alles sind faule Basiszutaten.

BEQUEMES ZUBEHÖR FÜR FAULE BÄCKER...

...ist der einfache Schlüssel zu arbeits- und zeitsparendem Backen. Benötigt werden dafür...

...Küchengeräte: Ein **Handrührgerät** mit Knethaken und Quirlen ist Pflicht. Damit lassen sich Teige kneten, Sahne und Eischnee steif schlagen, Cremes rühren. Noch perfekter werden die Ergebnisse mit einer **Küchenmaschine,** die allerdings mehr Luxus als Notwendigkeit ist.

...Küchenhelfer: Küchenwaage und **Messbecher** helfen beim genauen Abmessen der Zutaten. Mit einem **Schneebesen** lässt sich Flüssiges fix verrühren und Luftiges locker unterheben. Ein **Nudelholz** unterstützt beim Ausrollen von Knetteigen und Zerkleinern von Keksen zu Bröseln. In **Rührschüsseln** (mit zwei ist man gut versorgt) kann man Teige, Cremes, Sahne & Co. verarbeiten, mit einem **Teigspatel** lässt sich alles ohne große Reste in Backformen oder auf Kuchen übertragen. Ein **Küchenpinsel** hilft beim Einfetten von Backformen und beim Bestreichen von Teigen mit Ei. Mit einem **feinen Sieb** kann man Gebäck zuverlässig mit Puderzucker oder Kakaopulver bestäuben. Für extra hübsche Cupcakes die Toppings mit einem **Spritzbeutel mit Sterntülle** auftragen. Und zum Ab- oder Auskühlen das Gebäck auf ein **Kuchengitter** legen.

...Papier und Folie: Wird **Backpapier** für Backform oder -blech verwendet, lässt sich das Gebäck nach dem Backen ganz einfach heraus- oder ablösen. Papier von der Rolle abreißen oder fertige Bögen kaufen und Blech oder Kastenform damit auslegen. Oder das Papier auf den Boden einer Springform legen, Formrand daraufsetzen und festspannen. **Frischhaltefolie** verhindert, dass die Teige und Kuchen ohne Backen beim Kaltstellen den Kühlschrankgeruch annehmen. Und: Zwischen zwei Lagen Frischhaltefolie oder zwei Backpapierbögen lassen sich auch klebrige Teige kinderleicht ausrollen. Ein Stück **Alufolie** schützt im Backofen bereits gebräunte Kuchen vorm Verbrennen.

KLEINES BACKFORMENKABINETT ...

... als Grundausstattung jeder faulen Backstube. Mit dabei sind ...

... ein Backblech (40 x 30 cm) für alle kleinen Gebäckstücke und Brote, die von Hand geformt werden und dann eine Backunterlage benötigen, sowie für alle Kuchen, die viel Platz brauchen. Auch hier gilt: Ist das Blech mit Backpapier ausgelegt, bäckt garantiert nichts an. Für sehr heiße Zubereitungen über 220° das Papier weglassen und direkt auf dem gefetteten Blech backen.

... eine Kastenform (30 x 11 cm) für süße und herzhafte Kastenkuchen (Seite 16–19 und 36) sowie Brot (Seite 70). Am besten beschichtete Formen verwenden, damit sich das Gebäck nach dem Backen völlig problemlos herauslösen lässt. Zuvor aber noch einfetten und bemehlen.

... eine Springform (28 cm Ø): Das ist die Standardform für die meisten Kuchen, egal ob aus Rühr-, Mürb- oder Hefeteig (Kapitel 1–3).

Die beste Wahl sind auch hier beschichtete Formen (siehe Kastenform). Vor dem Backen am Boden Backpapier einspannen (siehe links), den Rand mit Butter einfetten und mit Mehl ausstreuen.

... ein 12er-Muffinblech: Cupcakes und Muffins (Seite 30–32) gelingen gleichermaßen perfekt in Silikonformen oder einem beschichteten Blech. Die Mulden des Muffinblechs sollten vor dem Befüllen mit Teig eingefettet und bemehlt oder mit passenden Papierförmchen ausgelegt werden (deftige Muffins mit viel Käse, Seite 34, kleben am Papier fest, also immer fetten).

... Auflaufform (30 x 20 cm) für Crumble und Cobbler (Seite 50–51) sowie alles, das nur fix in einer Form vermischt werden muss, bevor es im Ofen gart und goldbraun bäckt.

Ebenfalls gut zu gebrauchen, aber kein Muss: **eine Brownie-Form** (20 x 20 cm) – am besten mit praktischem herauslösbarem Boden.

FIX GERÜHRT

Kastenkuchen, Cupcakes & Co. machen faule Bäcker froh

DIE SCHNELLEN 4 FÜR RÜHRKUCHEN & CO.

KIRSCHGRÜTZE

Schmeckt extra fruchtig | **ist sowohl im Kühlregal wie auch bei den Fruchtkonserven zu finden** | ergänzt Quark und Mohn als extrafixes **Kuchentopping** (Seite 26) | macht mit Vanillecreme **Kirsch-Knusperschnitten** (Seite 84) zu einem cremig-fruchtigen Genuss | komplettiert ruck, zuck **Schwarzwälder-Kirsch-Törtchen** im Glas (Seite 125) | **Tipp:** Nach Belieben durch andere Fruchtgrützen ersetzen | **Pralinenbuchteln** (Seite 68) und **Käsekuchen ohne Boden** (Seite 122) statt mit Fruchtsauce einmal mit leicht erwärmter Kirschgrütze servieren.

APRIKOSENKONFITÜRE

Superpraktisch, da sofort einsatzbereit | klassischerweise werden Obstkuchen oder Kleingebäck wie Blätterteig- oder Plunderteilchen mit der heißen Konfitüre bestrichen (aprikotiert) | so bleiben sie schön saftig und erhalten ein besonderes Aroma | verleiht aber nicht nur obendrauf, sondern auch innendrin **ein fruchtige Note** | süßt und aromatisiert beim **Aprikosenkuchen mit Streuseln** (Seite 24) den Teig, beim **Apfel-Mandel-Kuchen** (Seite 22) das Topping | **Tipp:** süße **Teigtaschen** (Seite 88), **Pflaumentartes** (Seite 80) oder die Pfirsiche auf der **Galette** (Seite 48) nach dem Backen mit der heißen Konfitüre aprikotieren.

BEEREN

Egal ob frisch, tiefgekühlt oder getrocknet – immer lecker und ohne großen Aufwand zu verwenden | reich an Vitaminen und Antioxidantien | frische Beeren (Ausnahme: Erdbeeren) sind meist schon entstielt | also nur noch waschen, abtropfen lassen und fertig | frische Erdbeeren sind ein tolles Topping für **Cupcakes** (Seite 33) | auch **Heidelbeermuffins** (Seite 30) gelingen am besten mit den frischen Früchten | getrocknete Cranberrys tunen **Kokoskuchen** aus der Kastenform (Seite 18) auf | mit gemischten TK-Beeren wird der **Beeren-Nuss-Crumble** (Seite 50) einfach unwiderstehlich | TK-Himbeeren überraschen auf süßem **Flammkuchen** (Seite 95) und mit Balsamico als süßsäuerliche Sauce zum **Käsekuchen** (Seite 122) | frische Beeren krönen feine, schicke **Prosecco-Törtchen** im Glas (Seite 125).

BACKFERTIGE MOHNMISCHUNG

Blitzschneller Ersatz für körnige, knackige Mohnsamen, die erst mal gegart werden müssen, bis sie verarbeitet werden können | schmeckt in Teig gerührt ebenso gut wie als Kuchenbelag | im Backregal des Supermarkts erhältlich | macht den **Mohn-Bananen-Kuchen** (Seite 19) zu einem saftigen Erlebnis | toppt gemeinsam mit Quark und Kirschgrütze den **Mohn-Kirsch-Kuchen** (Seite 26) | erstrahlt ganz weihnachtlich in den **Mohn-Orangen-Plätzchen** (Seite 107) | **Tipp:** auch als schnelle Füllung für **Blätterteigtaschen** (Seite 88) ein Hit.

SANDKUCHEN

Basic für die Kaffeetafel

FÜR 1 KASTENFORM (16 STÜCK)

150 g Mehl
150 g Speisestärke
2 TL Backpulver
1 Prise Salz
250 g weiche Butter
200 g Zucker
2 Pck. Vanillezucker
5 Eier (M)
70 ml Milch
Butter und Mehl für die Form

ZUBEREITUNGSZEIT: 20 MIN.
+ 1 STD. BACKEN
PRO STÜCK: 275 KAL.

1 Den Backofen auf 180° vorheizen. Die Kastenform einfetten und mit Mehl ausstreuen. Mehl, Stärke, Backpulver und Salz mischen.

2 Butter in einer Rührschüssel mit den Quirlen des Handrührgeräts glatt rühren. Den Zucker und Vanillezucker dazugeben und kurz weiterrühren, bis keine Zuckerkristalle mehr zu sehen sind. Dann nacheinander die Eier unterrühren. Zuletzt die Mehlmischung und Milch auf niedriger Stufe unterrühren, bis ein glatter Teig entstanden ist.

3 Teig in die Form füllen und glatt streichen. Im Ofen (Mitte) in 50–60 Min. goldbraun backen, dabei den Kuchen nach ca. 20 Min. mit einem Messer längs einritzen.

4 Den fertigen Sandkuchen aus dem Ofen holen und 10 Min. in der Form ruhen lassen. Dann vorsichtig aus der Form stürzen und auf einem Kuchengitter auskühlen lassen.

DEKO-TIPP:
Den Sandkuchen nach Belieben noch mit Puderzucker bestäuben oder mit Zuckerguss oder Kuvertüre überziehen.

4 × SCHNELLE KASTENKUCHEN ...

ZITRONENKUCHEN

Für 1 Kastenform (16 Stück)

150 g **Mehl**, 150 g **Speisestärke**, 2 TL **Backpulver** und 1 Prise **Salz** mischen. 250 g weiche **Butter** und 250 g **Zucker** verrühren. 5 **Eier** (M), 3 Pck. geriebene **Zitronenschale** und 6 EL **Zitronensaft** unterrühren, dann die Mehlmischung. Teig in die gefettete, gemehlte Kastenform füllen und im 180° heißen Backofen (Mitte) 50–60 Min. backen. Herausnehmen und auskühlen lassen, dann mit einem Zitronenguss überziehen. Dafür 250 g **Puderzucker** mit 4 EL **Zitronensaft** verrühren und mit einem Küchenpinsel auf dem Kuchen verstreichen, fest werden lassen.

CRANBERRY-KOKOS-KUCHEN

Für 1 Kastenform (16 Stück)

100 g **Mehl**, 100 g **Speisestärke**, 2 TL **Backpulver** und 1 Prise **Salz** mischen. 250 g weiche **Butter**, 200 g **Zucker** und 2 Pck. **Vanillezucker** verrühren. 5 **Eier** (M) und 100 ml **Milch** unterrühren, dann die Mehlmischung und 100 g **Kokosraspel**. 100 g getrocknete **Cranberrys** in etwas Mehl wenden und vorsichtig unter den Teig heben. Den Teig in die gefettete, gemehlte Kastenform füllen und im 180° heißen Backofen (Mitte) 50–60 Min. backen. Herausnehmen, auskühlen lassen. Nach Belieben den Kuchen noch mit 100 g weißer **Kuchenglasur** überziehen und mit reichlich **Kokosraspeln** bestreuen.

...für alle, die aromareiche Abwechslung lieben und gerne ruck, zuck alles im Kasten haben.

ROTWEIN-NUSS-KUCHEN

Für 1 Kastenform (16 Stück)

100 g **Mehl**, 100 g **Speisestärke**, 2 TL **Backpulver** und 1 Prise **Salz** mischen. 250 g weiche **Butter**, 200 g **Zucker** und 2 Pck. **Vanillezucker** verrühren. 4 **Eier** (M) und 100 ml **Rotwein** unterrühren, dann die Mehlmischung, 100 g gemahlene **Haselnüsse**, 100 g **Schokostreusel** und 2 EL **Kakaopulver.** Teig in die gefettete, gemehlte Kastenform füllen und im 180° heißen Backofen (Mitte) 50–60 Min. backen. Herausnehmen, auskühlen lassen, dann mit einem Rotweinguss überziehen. Dafür 150 g **Puderzucker** mit 2–3 EL **Rotwein** verrühren, mit einem Küchenpinsel auf den Kuchen streichen. Nach Belieben noch mit **Zuckerperlen** bestreuen, fest werden lassen.

MOHN-BANANEN-KUCHEN

Für 1 Kastenform (16 Stück)

150 g **Mehl**, 50 g **Speisestärke,** 2 TL **Backpulver** und 1 Prise **Salz** mischen. 200 g weiche **Butter,** 80 g **Zucker** und 2 Pck. **Vanillezucker** verrühren. 5 **Eier** (M) unterrühren, dann die Mehlmischung. 2 **Bananen** mit einer Gabel zerdrücken, mit 1 EL **Zitronensaft** vermengen und mit 150 g backfertiger **Mohnmischung** (250-g-Packung) unter den Teig rühren. Den Teig in die gefettete, gemehlte Kastenform füllen, restliche **Mohnmischung** darauf verteilen und ganz leicht in den Teig einarbeiten. Im 180° heißen Backofen (Mitte) 50–60 Min. backen. Herausnehmen, auskühlen lassen. Nach Belieben den Kuchen noch mit 150 g **Vollmilchkuvertüre** überziehen.

MARMORKUCHEN IM GLAS

Süßes Geschenk aus der Küche

FÜR 4 OFENFESTE STURZGLÄSER
(JE CA. 400 ML)

- 200 g Mehl
- 1 TL Backpulver
- 180 g Zucker
- 1 Pck. Vanillezucker
- 125 g weiche Butter
- 3 Eier (M)
- 2 EL brauner Rum (ersatzweise ein paar Spritzer Rumaroma)
- 2 EL Kakaopulver
- 2 EL Milch
- Butter und Mehl für die Gläser

ZUBEREITUNGSZEIT: 20 MIN.
+ 35 MIN. BACKEN
PRO STÜCK: 720 KAL.

1 Den Backofen auf 170° vorheizen. Die Sturzgläser einfetten und mit Mehl ausstreuen. Mehl und Backpulver mischen.

2 In einer Rührschüssel 150 g Zucker und den Vanillezucker mischen. Butter, Eier und den Rum dazugeben und alles mit den Quirlen des Handrührgeräts cremig rühren. Mehlmischung dazugeben und auf niedriger Stufe unterrühren, bis ein glatter Teig entstanden ist.

3 Die Hälfte des Teigs in die Gläser füllen. Restlichen Teig mit Kakao, Milch und übrigem Zucker verrühren. Den dunklen auf dem hellen Teig verteilen und mit einer Gabel so durch den Teig fahren, dass ein Marmormuster entsteht.

4 Die Gläser mit Alufolie abdecken und in den Ofen (Mitte) schieben. Die Kuchen 30–35 Min. backen. Herausnehmen, sofort mit den Deckeln verschließen und abkühlen lassen.

TIPP:
Damit sich die kleinen Kuchen nach dem Backen gut aus den Gläsern lösen lassen, müssen diese gerade oder leicht konisch geformt sein. Einige Konfitüregläser aus dem Supermarkt haben eine passende Form, einfach die geleerten Gläser gut ausspülen und dann für die Kuchen verwenden. Im Fachhandel sind aber auch entsprechende Sturz- bzw. Weckgläser erhältlich.

APFEL-MANDEL-KUCHEN

Getunter Klassiker aus Omas Backstube

FÜR 1 SPRINGFORM (12 STÜCK)

- 150 g Mehl
- 1 TL Backpulver
- 100 g gemahlene Mandeln
- 1 Prise Salz
- 125 g Mascarpone
- 100 ml Milch
- 2 Eier (M)
- 2 EL neutrales Öl
- 120 g Zucker
- 750 g säuerliche Äpfel (z. B. Boskop)
- 100 g Mandelblättchen
- 200 g Aprikosenkonfitüre
- 1 EL Zitronensaft
- 1 Msp. Zimtpulver
- Butter und Mehl für die Form

ZUBEREITUNGSZEIT: 25 MIN.
+ 1 STD. BACKEN
PRO STÜCK: 335 KAL.

1 Den Backofen auf 180° vorheizen. In den Boden der Springform Backpapier einspannen, Formrand einfetten und mit Mehl ausstreuen. Mehl, Backpulver, Mandeln und Salz mischen.

2 In einer Rührschüssel Mascarpone, Milch, Eier, Öl und Zucker mit den Quirlen des Handrührgeräts glatt rühren. Die Mehlmischung dazugeben und auf niedriger Stufe unterrühren, bis ein glatter Teig entstanden ist.

3 Teig in die Form füllen und glatt streichen. Die Äpfel vierteln, schälen, entkernen und in grobe Würfel schneiden. Mit Mandelblättchen, Konfitüre, Zitronensaft und Zimt mischen, gleichmäßig auf dem Teig verteilen. Im Ofen (Mitte) in ca. 1 Std. goldbraun backen, dabei den Kuchen nach 45 Min. mit Alufolie abdecken.

4 Den fertigen Apfel-Mandel-Kuchen aus dem Ofen holen und 10 Min. in der Form ruhen lassen. Dann den Formrand lösen und den Kuchen auf einem Kuchengitter auskühlen lassen.

AUCH GUT:
Zusätzlich noch 200 g Marzipanrohmasse klein würfeln und mit einigen Spritzern Bittermandelöl unter die Apfel-Mandel-Mischung mengen. Wie beschrieben auf dem Teig verteilen und backen.

APRIKOSENKUCHEN MIT STREUSELN

Luftig, blitzschnell und raffiniert mit Ziegenkäse in den Streuseln

1 Den Backofen auf 180° vorheizen. Das Backblech mit Backpapier auslegen. Mehl, Weichweizengrieß, Backpulver, 100 g Zucker, Vanillezucker und Salz mischen.

2 Eier, Konfitüre und die Butter in einer Rührschüssel mit den Quirlen des Handrührgeräts glatt rühren. Die Mehlmischung dazugeben und auf niedriger Stufe unterrühren, bis ein glatter Teig entstanden ist.

3 Teig gleichmäßig auf dem Backblech verteilen und glatt streichen. Aprikosen in einem Sieb kurz abtropfen lassen, dann auf dem Teig verteilen. Im Ofen (Mitte) in 30–35 Min. goldbraun backen.

4 Zwischendurch die Amarettini nicht zu fein zerbröseln und den Ziegenkäse zerbröckeln. Beides mit dem restlichen Zucker zu groben Streuseln formen und nach ca. 15 Min. Backzeit auf dem Teig und den Aprikosen verteilen.

5 Den fertigen Aprikosenkuchen aus dem Ofen holen und auf einem Kuchengitter lauwarm abkühlen oder völlig auskühlen lassen.

FÜR 1 BACKBLECH (25 STÜCK)

- 250 g Mehl
- 100 g Weichweizengrieß
- 1 Pck. Backpulver
- 130 g Zucker
- 1 Pck. Vanillezucker
- 1 Prise Salz
- 4 Eier (M)
- 200 g Aprikosenkonfitüre
- 250 g weiche Butter
- 3 Dosen Aprikosen (Abtropfgewicht je 240 g)
- 150 g Amarettini
- 200 g Ziegenfrischkäse

ZUBEREITUNGSZEIT: 25 MIN.
+ 35 MIN. BACKEN
PRO STÜCK: 235 KAL.

TIPP:
Unbedingt einen relativ festen Ziegenkäse (z.B. Ziegenfrischkäsetaler oder -rolle) verwenden, damit sich daraus schöne Streusel formen lassen. Ist der Käse mit Honig, kann kann auf die Zugabe von Zucker verzichtet werden. Und wer keinen Ziegenkäse mag, lässt die Streusel einfach weg.

MOHN-KIRSCH-KUCHEN

Ratzfatz belegt

FÜR 1 BACKBLECH (25 STÜCK)

- 250 g Mehl
- 100 g Speisestärke
- 1 Pck. Backpulver
- 4 Eier (M)
- 1 Prise Salz
- 180 g Zucker
- 2 Pck. Vanillezucker
- 500 g Magerquark
- 250 g weiche Butter
- 250 g backfertige Mohnmischung
- 500 g Kirschgrütze (aus dem Kühlregal)

ZUBEREITUNGSZEIT: 25 MIN.
+ 40 MIN. BACKEN
PRO STÜCK: 255 KAL.

1 Den Backofen auf 180° vorheizen. Das Backblech mit Backpapier auslegen. Mehl, Stärke und Backpulver mischen.

2 Eier mit Salz in einer Rührschüssel mit den Quirlen des Handrührgeräts schaumig schlagen. Nach und nach 150 g Zucker und Vanillezucker dazugeben und cremig rühren, bis keine Zuckerkristalle mehr zu sehen sind. 250 g Quark und die Butter dazugeben und kurz unterrühren. Zuletzt die Mehlmischung dazugeben und auf niedriger Stufe unterrühren, bis ein glatter Teig entstanden ist.

3 Den Teig gleichmäßig auf dem Backblech verteilen und glatt streichen. Übrigen Quark mit dem restlichen Zucker verrühren. Die Mohnmischung mit einem Esslöffel klecksartig auf dem Teig verteilen, dann die Kirschgrütze und zuletzt den Quark. Im Ofen (Mitte) ca. 40 Min. backen.

4 Den fertigen Mohn-Kirsch-Kuchen aus dem Ofen holen und auf einem Kuchengitter lauwarm abkühlen oder völlig auskühlen lassen.

AUCH GUT:
Unbedingt diesen fruchtigen Kuchen statt mit Kirschgrütze mal mit Roter Grütze probieren. Und als zusätzlichen Hingucker mit ein wenig Puderzucker bestäuben.

PEKANNUSS-BROWNIES

Extraschokoladig und supersaftig

1 Den Backofen auf 200° vorheizen. Brownie-Form einfetten und mit Mehl ausstreuen.

2 Mehl, Backpulver, Kakao, Zucker, Vanillezucker, Schokotropfen und Salz mischen. Die Pekannusskerne mit den Händen in grobe Stücke zerdrücken und unter die Mehlmischung mischen.

3 Schokolade und Butter in einen Topf geben und bei geringer Hitze schmelzen lassen. Zuerst den Mascarpone und die Eier mit einem Schneebesen unterrühren, dann die Mehlmischung mit einem Holzkochlöffel oder Teigschaber.

4 Teig in die Form füllen und glatt streichen. Im Ofen (Mitte) 20–25 Min. backen.

5 Den fertigen Kuchen aus dem Ofen holen und auf einem Kuchengitter auskühlen lassen. Dann den Kuchen aus der Form heben oder lösen und in quadratische Pekannuss-Brownies schneiden.

FÜR 1 BROWNIE-FORM (25 STÜCK)

- 150 g Mehl
- 1 TL Backpulver
- 2 EL Kakaopulver
- 150 g Zucker
- 2 Pck. Vanillezucker
- 100 g Schokotropfen
- 2 Prisen Salz
- 100 g Pekannusskerne
- 200 g Zartbitterschokolade
- 100 g Butter
- 125 g Mascarpone
- 3 Eier (M)
- Butter und Mehl für die Form

ZUBEREITUNGSZEIT: 20 MIN. + 25 MIN. BACKEN
PRO STÜCK: 210 KAL.

AUCH GUT:
Anstatt mit Pekannüssen schmecken die Brownies genauso gut mit Walnüssen oder Macadamianüssen. Wer mag, überzieht sie vor dem Anschneiden noch mit Zartbitterschokolade oder bestäubt sie mit Kakao.

TIPP:
Wer keine Brownie-Form hat, bäckt den Teig einfach in einer Springform. Oder: doppelte Teigmenge zubereiten, auf einem tiefen Backblech glatt streichen, in den Ofen schieben.

HEIDELBEERMUFFINS

Immer wieder ein Renner, nicht nur in den USA!

FÜR 1 MUFFINBLECH (12 STÜCK)

- 125 g Heidelbeeren
- 150 g Mehl
- 2 TL Backpulver
- 1 Pck. Vanillepuddingpulver (zum Kochen)
- 1 Ei (M)
- 150 g Zucker
- 1 Prise Zimtpulver
- 1 Prise Salz
- 100 g Naturjoghurt (3,5 % Fett)
- 6 EL neutrales Öl
- 2 EL Zitronensaft
- 12 Muffin-Papierförmchen

ZUBEREITUNGSZEIT: 20 MIN. + 20 MIN. BACKEN
PRO STÜCK: 155 KAL.

1 Den Backofen auf 180° vorheizen. Die Papierförmchen in die Mulden des Muffinblechs setzen. Die Heidelbeeren verlesen, waschen und mit Küchenpapier vorsichtig trocken tupfen. Mehl, Backpulver und Vanillepuddingpulver mischen.

2 Ei, Zucker, Zimtpulver, Salz, Joghurt, Öl und Zitronensaft in eine Rührschüssel geben und mit den Quirlen des Handrührgeräts glatt rühren. Die Mehlmischung rasch unterrühren.

3 Je 1 knappen EL Teig in jedes Papierförmchen füllen. Die Heidelbeeren vorsichtig unter den übrigen Teig heben und diesen ebenfalls in den Förmchen verteilen. Im Ofen (Mitte) in ca. 20 Min. goldbraun backen.

4 Die fertigen Muffins aus dem Ofen holen und 5 Min. in dem Blech ruhen lassen. Dann vorsichtig herauslösen und auf einem Kuchengitter auskühlen lassen.

TIPP:
Bei den Heidelbeeren möglichst zu frischer Ware greifen. TK-Beeren sind hier weniger gut geeignet, da sie viel Flüssigkeit verlieren und die Muffins stark verfärben würden.

AUCH GUT:
Schokofans ersetzen die Heidelbeeren einfach durch die gleiche Menge Schokotropfen.

4 x SCHNELLE CUPCAKES ...

MIT BLITZ-TOPPING

Für 1 Muffinblech (12 Stück)

150 g **Mehl**, 100 g **Speisestärke**, 2 TL **Backpulver** und 1 Prise **Salz** mischen. 100 g weiche **Butter**, 150 g **Zucker** und 2 Pck. **Vanillezucker** verrühren. 2 **Eier** (M) und 150 g **Naturjoghurt** unterrühren, dann die Mehlmischung. 12 Papierförmchen in die Mulden des Muffinblechs setzen, Teig darin verteilen. Im 180° heißen Backofen (Mitte) in 20–25 Min. goldbraun backen. Herausnehmen und auskühlen lassen. Von 3 Bechern **Mousse** (je 100 g, aus dem Kühlregal, z. B. Weinoder Schokomousse) mit Löffeln große Nocken abstechen und auf die Cupcakes setzen. Jetzt noch je nach verwendeter Mousse mit **Weintrauben** oder **Schokoröllchen** garnieren.

MIT SCHOKO-TOPPING

Für 1 Muffinblech (12 Stück)

Für dunkle Cupcakes wie links beschrieben einen Teig zubereiten, dabei noch 2 EL **Kakaopulver** und eventuell 2 EL **Milch** dazugeben. Teig in die Förmchen füllen, backen und auskühlen lassen. Für das Topping in einer Rührschüssel 400 g **Mascarpone**, 120 g **Puderzucker**, 120 g **Kakaopulver**, 2 Pck. **Vanillezucker** und 6–7 EL **Milch** mit den Quirlen des Handrührgerät glatt verrühren. Die Creme mit zwei Löffeln (oder auch mit einem Spritzbeutel mit Sterntülle) als dicke Klecks auf die Cupcakes setzen. Nach Belieben mit **Glitzerzucker, Zuckerperlen, Schokoröllchen** oder **-streuseln** garnieren.

... mit easy Toppings, die aus den Trendküchlein auch ohne Spritzbeutel und Sterntülle im Nu unwiderstehliche kleine Kunstwerke machen.

MIT HOLUNDERSAHNE

Für 1 Muffinblech (12 Stück)

Für Zitronen-Cupcakes wie links beschrieben einen Teig zubereiten, dabei anstatt des Vanillezuckers 2 Pck. geriebene **Zitronenschale** dazugeben. Den Teig in die Förmchen füllen, backen und auskühlen lassen. Für das Topping 400 g **Sahne** und 2 Pck. **Sahnesteif** mit den Quirlen des Handrührgeräts steif schlagen. Zunächst 2 EL **Zucker**, dann 4 EL **Holunderblütensirup** unterschlagen. Die Sahne mit zwei Löffeln als dicke Klecks auf die Cupcakes setzen. 12 **Erdbeeren** waschen, entstielen und je nach Größe ganz lassen oder halbieren. Die Cupcakes mit den Beeren garnieren. Wer mag, steckt jeweils noch 1 **Minzeblättchen** dazu.

MIT MOKKA-KUSS

Für 1 Muffinblech (12 Stück)

Für Mokka-Cupcakes wie links beschrieben einen Teig zubereiten, dabei zu Beginn 2 TL lösliches **Kaffeepulver** mit 1 EL heißem **Wasser** verrühren und unter den Joghurt mischen. Teig in die Förmchen füllen, backen und auskühlen lassen. Für das Topping von 12 **Schokoküssen** die Waffeln ablösen (und gleich essen oder anderweitig verwenden), die Schaummassen mit den Händen vorsichtig zerdrücken. Cupcakes mit etwas löslichem **Kaffeepulver** bestäuben und die Schokokussmasse als Häufchen daraufsetzen. Mit je 1 **Schoko-Mokkabohne** garnieren.

HERZHAFTE PARTYMUFFINS

Der Hit auf jedem Büfett

1 Backofen auf 180° vorheizen. Die Mulden des Muffinblechs einfetten und mit Mehl ausstreuen oder eine Silikon-Muffinform verwenden. Den Mais in einem Sieb abtropfen lassen. Mehl, Backpulver, Zucker, Salz und Pfeffer mischen.

2 Eier, Quark und Öl in eine Rührschüssel geben, Knoblauch schälen und dazupressen. Mit den Quirlen des Handrührgeräts alles glatt verrühren. Die Mehlmischung dazugeben und kurz unterrühren, dann den Mais, Käse und Schinken.

3 Den Teig in die Mulden des Blechs oder der Silikonform füllen. Im Ofen (Mitte) in ca. 25 Min. goldbraun backen.

4 Die fertigen Muffins aus dem Ofen holen und 5 Min. in dem Blech oder der Form ruhen lassen. Dann vorsichtig herauslösen und auf einem Kuchengitter auskühlen lassen.

FÜR 1 MUFFINBLECH (12 STÜCK)

- **100 g Maiskörner** (aus der Dose)
- **120 g Mehl**
- **2 TL Backpulver**
- **1 TL Zucker**
- **1 knapper TL Salz**
- **1 knapper TL Pfeffer**
- **2 Eier** (M)
- **100 g Magerquark**
- **5 EL neutrales Öl**
- **1 Knoblauchzehe**
- **100 g geriebener Käse** (z. B. Emmentaler)
- **50 g Schinkenwürfel**
- **Öl und Mehl für die Form**

ZUBEREITUNGSZEIT: 20 MIN.
+ 25 MIN. BACKEN
PRO STÜCK: 170 KAL.

TIPP:
Bei diesen Muffins keinesfalls Papierförmchen verwenden. Aufgrund der großen Käsemenge im Teig würde das Gebäck am Papier kleben bleiben.

AUCH GUT:
Eine ganz neue Note bekommen die Muffins, wenn Sie anstatt des Mais klein gewürfelte getrocknete Tomaten (in Öl), in feine Ringe geschnittene Oliven oder Zwiebelwürfelchen unter den Teig rühren.

ANTIPASTIKUCHEN

So einfach – und sooo herrlich italienisch!

FÜR 1 KASTENFORM (16 STÜCK)

250 g eingelegte Antipasti (z. B. Paprikaschoten, Auberginen, getrocknete Tomaten und Zucchini)
200 g Mehl (Type 550)
50 g Speisestärke
2 TL Backpulver
100 g geriebener Parmesan
1 EL getrockneter Thymian
1 EL Zucker
1 TL Salz
1 TL Pfeffer
100 g weiche Butter
100 ml Milch
4 Eier (M)
2 EL Balsamico bianco
2 Knoblauchzehen
Butter und Mehl für die Form

ZUBEREITUNGSZEIT: 25 MIN.
+ 45 MIN. BACKEN
PRO STÜCK: 175 KAL.

1 Den Backofen auf 180° vorheizen. Die Kastenform einfetten und mit Mehl ausstreuen. Die eingelegten Antipasti in ein Sieb abgießen und gut abtropfen lassen.

2 In einer Rührschüssel Mehl, Stärke, Backpulver, Parmesan, Thymian, Zucker, Salz und Pfeffer mischen. Butter, Milch, Eier und den Essig dazugeben. Knoblauch schälen und dazupressen. Alles mit den Quirlen des Handrührgerät zu einem glatten Teig verrühren.

3 Antipastigemüse nach Belieben etwas kleiner schneiden und unter den Teig mischen. Den Teig in die Form füllen und glatt streichen. Im Ofen (Mitte) in 40–45 Min. goldbraun backen.

4 Den fertigen Antipastikuchen aus dem Ofen holen und 10 Min. in der Form ruhen lassen. Dann vorsichtig aus der Form stürzen und auf einem Kuchengitter lauwarm abkühlen oder völlig auskühlen lassen.

RATZFATZ GEKNETET

Das Bäckerglück ist mürbe – oder knusprig...

DIE SCHNELLEN 4 – NICHT NUR FÜR FLOTTES AUS KNETTEIG

HOLUNDERBLÜTENSIRUP

Konserviert frühlingsfrisches Holunderblütenaroma fürs ganze Jahr | seit er auch als Cocktailzutat beliebt ist, flächendeckend in Supermärkten erhältlich | ganz fix in Cremes eingerührt | auch andere Sirupsorten geben ein frisches Aroma, etwa Rhabarbersirup | **Pfirsich-Holunder-Galette** (Seite 48) schmeckt nach Frühsommer auf dem Land | **Cupcakes** mit Holundersahne und Erdbeeren (Seite 33) sind kleine Highlights für Gartenpartys | **Tipp:** Bei **Kirsch-Knusperschnitten** (Seite 84) 1 EL Zucker weglassen und stattdessen 2 EL Holunderblütensirup in die Vanillecreme rühren – mhmm lecker!

NUSSNOUGAT

Auf der Zunge zergehende Masse aus fein gemahlenen Nüssen oder Mandeln, Zucker und Kakao | im Backregal in Blockform erhältlich | behält beim Backen seine Form, ist warm aber trotzdem zartcremig | macht **Nuss-Nougat-Kuchen** (Seite 44) und **Apfel-Nougat-Crumble** (Seite 50) zu süßen Sünden | Nuss-Nougat-Creme, ein Brotaufstrich, ist eine super Füllungsvariante für **Alfajores** (Seite 110) | **Tipp für Nougatjunkies:** Beim **Zwetschgendatschi** (Seite 64) die Zwetschgen abwechselnd mit 200 g Nougat in hauchdünnen Scheiben auf den Teig schichten.

ZITRUSSCHALE & ZITRONENSAFT

Faule Bäcker verwenden geriebene Zitronen- und Orangenschale aus dem Päckchen und Saft aus der Flasche | die Zitrusschale kann klasse auf Vorrat gekauft werden, da sie über 1 Jahr hält | Direkt-Zitrussaft schmeckt wie frisch gepresst und ist nach dem Öffnen der Flasche mind. 2 Wochen haltbar | die Schale verleiht Gebäck ein zitrusfrisches Aroma, der Saft dazu noch Säure | kann nicht ohne: herrlich säuerliche **Zitronentarte** (Seite 46) | auch **Pfirsich-Holunder-Galette** (Seite 48) profitiert vom frischen Zitrus-Boost | **Zitronenkuchen** aus der Kastenform (Seite 18) ist ein immergrüner Klassiker | einfache **Zitronen-Ausstecherle** (Seite 102) schmecken mit Zitronenschale nach mehr | mit Orangenschale werden die **Mohn-Orangen-Kekse** (Seite 107) zu einem weihnachtlichen Liebling.

QUARK

Sehr preisgünstig und extrem vielseitig | ist eiweißreich und auch fettarm zu haben | dient als Grundlage für Cremes und ist zudem wichtige Zutat im fixen Quark-Öl-Teig – dem schnellen Ersatz für Hefe- und Mürbeteig | überzeugt als holunderfrische Creme in **Pfirsich-Holunder-Galette** (Seite 48), bei **Mohn-Kirsch-Kuchen** (Seite 26) sowohl im Rührteig wie auch als schneller Kuchenbelag | im Quark-Öl-Teig Unterlage für **Feta-Kartoffel-Quiche** (Seite 52) und **Lachs-Mozzarella-Torteletts** (Seite 56) | auch ein herzhafter **Muffinteig** (Seite 34) kann nicht auf ihn verzichten | **schlanker Tipp:** Wer **Käsekuchen** (Seite 42 und 122) liebt, aber die Kalorien scheut, ersetzt dort den Frischkäse durch fast fettlosen Magerquark.

RATZFATZ GEKNETET / 41

WEISSER-SCHOKO-KÄSEKUCHEN

Zum Dahinschmelzen lecker

FÜR 1 SPRINGFORM (12 STÜCK)

- 100 g Butter
- 400 g Doppelkekse (z. B. Prinzenrolle)
- 2 EL Kakaopulver
- 300 g weiße Schokolade
- 600 g Doppelrahm-Frischkäse
- 200 g Schmand
- 100 g Zucker
- 2 Pck. Vanillezucker
- 3 Eier (M)
- 1 Prise Salz
- Butter und Mehl für die Form

ZUBEREITUNGSZEIT: 25 MIN.
+ 1 STD. 15 MIN. BACKEN
+ ZIEHEN ÜBER NACHT
PRO STÜCK: 645 KAL.

1 Den Backofen auf 160° vorheizen. In den Boden der Springform Backpapier einspannen, Formrand einfetten und mit Mehl ausstreuen.

2 Butter bei geringer Hitze schmelzen lassen. Die Kekse in einen Gefrierbeutel füllen und mit dem Nudelholz darüberrollen, bis feine Brösel entstanden sind. Mit dem Kakao und der Butter mischen. Die Brösel auf dem Boden der Springform verteilen und flächendeckend zu einem kompakten Boden andrücken.

3 Schokolade bei geringer Hitze schmelzen lassen. In einer Rührschüssel den Frischkäse, den Schmand, Zucker, Vanillezucker, Eier und Salz mit den Quirlen des Handrührgeräts glatt rühren. Schokolade dazugeben, unterrühren.

4 Die Schoko-Käsemasse auf dem Teig verteilen und glatt streichen. Im Ofen (Mitte) 1 Std. backen, dann den Ofen ausschalten und den Kuchen darin noch 15 Min. ruhen lassen.

5 Den fertigen Schoko-Käsekuchen aus dem Ofen holen und auf einem Kuchengitter auskühlen lassen. Dann aus der Form lösen und am besten über Nacht durchziehen lassen.

NUSS-NOUGAT-KUCHEN

Vorsicht: Suchtgefahr!

1 Den Backofen auf 180° vorheizen. In den Boden der Springform Backpapier einspannen, Formrand einfetten und mit Mehl ausstreuen.

2 Mehl mit 50 g Zucker und 1 Prise Salz auf die Arbeitsfläche häufen. 200 g Butter klein würfeln und dazugeben. In der Mitte eine Mulde formen, das Eigelb hineingeben. Alles mit den Händen rasch zu einem Teig verkneten, dabei bei Bedarf 1–2 EL Wasser dazugeben. In Frischhaltefolie wickeln und kalt stellen.

3 Restlichen Zucker, übrige Butter und Sahne in einem Topf erhitzen und bei mittlerer Hitze 5 Min. köcheln lassen, bis ein leicht gebräunter Karamell entstanden ist. Die Walnüsse in der Packung leicht andrücken und grob zerkleinern. Mit den Haselnuss- oder Mandelblättchen zum Karamell geben. Alles in ca. 2 Min. unter Rühren dickflüssig einköcheln lassen. Die Mischung mit Salz abschmecken und vom Herd nehmen.

4 Teig auf einer bemehlten Arbeitsfläche rund ausrollen (ca. 34 cm Ø) und die Form damit auskleiden, dabei einen 2–3 cm hohen Rand formen. Das Nougat in dünne Scheiben schneiden und gleichmäßig auf dem Teigboden verteilen. Die Nuss-Karamell-Mischung daraufgießen und glatt streichen. Im Ofen (Mitte) ca. 40 Min. backen.

5 Den fertigen Nuss-Nougat-Kuchen aus dem Ofen holen und 10 Min. in der Form ruhen lassen. Dann den Formrand lösen und den Kuchen auf einem Kuchengitter auskühlen lassen.

FÜR 1 SPRINGFORM (16 STÜCK)

- 300 g Mehl
- 150 g Zucker
- Salz
- 280 g Butter (nicht zu kalt)
- 1 Eigelb (M)
- 250 g Sahne
- 250 g Walnusskerne
- 250 g Haselnuss- oder Mandelblättchen
- 250 g Nussnougat
- Butter und Mehl für die Form
- Mehl zum Arbeiten

ZUBEREITUNGSZEIT: 30 MIN.
+ 40 MIN. BACKEN
PRO STÜCK: 575 KAL.

ZITRONENTARTE

Französischer Klassiker auf die lässige Tour

FÜR 1 SPRINGFORM (12 STÜCK)

- 200 g Mehl
- 200 g Zucker
- 1 Prise Salz
- 150 g Butter
- 6 Eier (M)
- 1 Pck. Vanillezucker
- 150 ml Zitronensaft
- 2 Pck. geriebene Zitronenschale
  (für einen noch intensiveren Geschmack 3 Pck. nehmen)
- Butter und Mehl für die Form

ZUBEREITUNGSZEIT: 20 MIN.
+ 30 MIN. BACKEN
PRO STÜCK: 275 KAL.

1 Den Backofen auf 160° vorheizen. In den Boden der Springform Backpapier einspannen, Formrand einfetten und mit Mehl ausstreuen.

2 Mehl, 50 g Zucker und Salz auf die Arbeitsfläche häufen. 100 g Butter klein würfeln und dazugeben. In der Mitte eine Mulde formen, 1 Ei hineingeben. Alles mit den Händen rasch zu einem Teig verkneten, dabei bei Bedarf 1–2 EL Wasser dazugeben.

3 Teig auf einer bemehlten Arbeitsfläche rund ausrollen (ca. 32 cm Ø) und die Form damit auskleiden, dabei einen 1–2 cm hohen Rand formen. Mit einer Gabel mehrfach in den Boden stechen. Im Ofen (Mitte) 10 Min. vorbacken.

4 Inzwischen übrige Butter schmelzen lassen. Mit restlichem Zucker, Vanillezucker, Zitronensaft und -schale und den restlichen Eiern mit einem Schneebesen glatt verrühren. Zitronenguss auf dem Teig verteilen und den Kuchen in ca. 20 Min. fertig backen, bis der Teigrand gebräunt und der Guss gestockt ist.

5 Die fertige Zitronentarte aus dem Ofen holen und 10 Min. in der Form ruhen lassen. Dann den Formrand lösen und die Tarte auf einem Kuchengitter auskühlen lassen.

PFIRSICH-HOLUNDER-GALETTE

Außen knusprig, innen cremig

FÜR 1 KUCHEN (12 STÜCK)

- 1 Ei (M)
- 200 g Mehl
- 100 g Zucker
- 1 Pck. Vanillezucker
- 2 Pck. geriebene Zitronenschale
- 1 Prise Salz
- 150 g Butter (nicht zu kalt)
- 1 Dose Pfirsiche (Abtropfgewicht ca. 480 g)
- 250 g Magerquark
- 2 EL Speisestärke
- 1 EL Zitronensaft
- 2 EL Holunderblütensirup
- Butter und Mehl für die Form

ZUBEREITUNGSZEIT: 25 MIN.
+ 45 MIN. BACKEN
PRO STÜCK: 245 KAL.

1 Den Backofen auf 180° vorheizen. Ein Backblech mit Backpapier auslegen. Das Ei trennen.

2 Mehl mit 50 g Zucker, Vanillezucker, 1 Pck. Zitronenschale und Salz auf die Arbeitsfläche häufen. Die Butter klein würfeln und dazugeben. In der Mitte eine Mulde formen und das Eigelb hineingeben. Alles mit den Händen rasch zu einem Teig verkneten.

3 Pfirsiche in ein Sieb abgießen und abtropfen lassen. Den Quark, restlichen Zucker und übrige Zitronenschale, Stärke, Zitronensaft und Holunderblütensirup in eine Rührschüssel geben und mit einem Schneebesen glatt rühren.

4 Den Teig zwischen zwei Bögen Backpapier rund ausrollen (ca. 34 cm Ø) und auf das Blech legen, oberes Papier abziehen. Die Quarkcreme auf dem Teigkreis verteilen, dabei rundherum einen 5 cm breiten Rand frei lassen. Pfirsiche in die Creme setzen (wahrscheinlich bleibt eine Hälfte übrig, gleich essen!). Teigrand über die äußeren Pfirsiche klappen und leicht andrücken, dünn mit Eiweiß bestreichen. Im Ofen (Mitte) in ca. 45 Min. goldbraun backen.

5 Die fertige Pfirsich-Holunder-Galette aus dem Ofen holen und 10 Min. auf dem Blech ruhen lassen. Dann auf ein Kuchengitter ziehen und lauwarm abkühlen oder völlig auskühlen lassen.

4 x SCHNELLE FRUCHTIGE CRUMBLE UND COBBLER...

APFEL-NOUGAT-CRUMBLE

Für 1 große Form (oder 6–8 kleine Formen)

5 säuerliche **Äpfel** (z. B. Boskop) vierteln, entkernen, schälen, grob würfeln und in der Auflaufform mit 50 g **Zucker,** 1 Prise **Zimtpulver** und 1 EL **Zitronensaft** mischen. 200 g **Nussnougat** grob würfeln und untermischen. Für die Streusel 150 g **Mehl,** 50 g kernige **Haferflocken,** 100 g **Zucker** und 1 Prise **Salz** mischen. 100 g **Butter** in einem Topf bei geringer Hitze schmelzen, die Mehlmischung dazugeben und alles verrühren, bis sich Streusel bilden. Streusel gleichmäßig auf den Äpfeln verteilen. Im 180° heißen Backofen (Mitte) in 25–30 Min. goldbraun backen. Crumble lauwarm oder kalt servieren.

BEEREN-NUSS-CRUMBLE

Für 1 große Form (oder 6–8 kleine Formen)

Je 300 g **TK-Himbeeren** und **gemischte TK-Beeren** in der Auflaufform mit 60 g **Zucker** und 2 EL **Speisestärke** mischen. Für die Streusel 100 g gesalzene **Macadamianüsse** ganz grob hacken und mit 150 g **Mehl,** 100 g **Zucker,** 1 Pck. **Vanillezucker** und 1 Prise **Salz** mischen. 100 g **Butter** in einem Topf bei geringer Hitze schmelzen, die Mehlmischung dazugeben und alles verrühren, bis sich Streusel bilden. Die Streusel gleichmäßig auf den Beeren verteilen. Im 180° heißen Backofen (Mitte) in 25–30 Min. goldbraun backen. Crumble lauwarm oder kalt servieren.

... für alle, die es bodenlos am liebsten mögen. Diese Fruchtaufläufe sind simpel und doch unwiderstehlich – probieren Sie sie aus. Und wenn es einmal etwas festlicher sein soll, einfach anstatt einer großen Auflaufform ein paar kleine ofenfeste Portionsförmchen nehmen.

APRIKOSEN-COBBLER

Für 1 große Form (oder 6–8 kleine Formen)

2 Dosen **Aprikosen** (Abtropfgewicht je ca. 240 g) kurz abtropfen lassen und in der Auflaufform mit 2 Pck. **Vanillezucker** und 2 TL **Zitronensaft** mischen. Für den Teig 150 g **Mehl**, 2 TL **Backpulver**, 50 g **Kokosraspel**, 100 g **Zucker** und 1 Prise **Salz** mischen. 100 g **Butter** in einem Topf bei geringer Hitze schmelzen. Die Mehlmischung und 100 g **saure Sahne** dazugeben, alles zu einem klebrigen Teig verrühren. Aus dem Teig mit den Händen dünne, unterschiedlich große Stücke formen und mit reichlich Abstand auf den Aprikosen verteilen. Im 180° heißen Backofen (Mitte) in 25–30 Min. goldbraun backen. Cobbler lauwarm oder kalt servieren.

TOMATEN-COBBLER

Für 1 große Form (oder 6–8 kleine Formen)

500 g **Datteltomaten** waschen und die Hälfte der Tomaten halbieren. Die Tomaten in der Auflaufform mit 1 EL **Honig**, 3 EL **Aceto balsamico**, 2 EL **Olivenöl**, 4 EL **italienische TK-Kräutermischung** und etwas **Salz** und **Pfeffer** mischen. Für den Teig 100 g **Mehl**, 1 TL **Backpulver**, 100 g geriebenen **Parmesan**, 50 ml **Milch**, 1 **Ei** (M) und 1 gestrichenen TL **Salz** zu einem glatten Teig verkneten. Aus dem Teig mit den Händen dünne, unterschiedlich große Stücke formen und mit reichlich Abstand auf den Tomaten verteilen. Im 200° heißen Backofen (Mitte) in ca. 30 Min. goldbraun backen. Den Cobbler heiß oder lauwarm servieren.

FETA-KARTOFFEL-QUICHE
Rasante Resteverwertung

FÜR 1 SPRINGFORM (12 STÜCK)

- 250 g Mehl
- 2 TL Backpulver
- Salz
- 100 g Magerquark
- 80 ml Milch
- 80 ml neutrales Öl
- 500 g Pellkartoffeln (vom Vortag)
- 100 g getrocknete Tomaten (in Öl)
- 100 g Schafskäse (Feta)
- 80 g schwarze Oliven (ohne Stein)
- 250 g Sahne
- 4 Eier (M)
- 2 EL italienische TK-Kräutermischung
- 2 EL Balsamico bianco
- Pfeffer
- Öl und Mehl für die Form
- Mehl zum Arbeiten

ZUBEREITUNGSZEIT: 25 MIN.
+ 1 STD. BACKEN
PRO STÜCK: 335 KAL.

1 Den Backofen auf 160° vorheizen. In den Boden der Springform Backpapier einspannen, Formrand einfetten und mit Mehl ausstreuen.

2 Mehl, Backpulver und 1 Prise Salz in einer Rührschüssel mischen. Quark, Milch und das Öl dazugeben und alles zunächst mit den Knethaken des Handrührgeräts zu Bröseln verkneten, dann mit den Händen zu einem glatten Teig. Den Teig auf einer bemehlten Arbeitsfläche rund ausrollen (ca. 36 cm Ø) und die Form damit auskleiden, dabei einen 3–4 cm hohen Rand formen.

3 Die Kartoffeln pellen, in dünne Scheiben schneiden und den Teigboden damit auslegen. Tomaten abtropfen lassen und klein schneiden, Feta zerbröckeln. Beides mit den Oliven auf den Kartoffeln verteilen.

4 Die Sahne mit Eiern, Kräutern und Essig mit einem Schneebesen verrühren, mit Salz und Pfeffer würzen. Guss gleichmäßig auf der Quiche verteilen. Im Ofen (Mitte) in ca. 1 Std. goldbraun backen. Heiß servieren.

PIADINA

Blitzschnelle italienische Fladenbrote vom Blech

FÜR 6 STÜCK

400 g Mehl
60 g weiche Butter
Salz
3 Tomaten
2 Handvoll Rucola
100 g Doppelrahm-Frischkäse
6 große Scheiben geräucherter oder luftgetrockneter Schinken
100 g grob gehobelter Parmesan
Pfeffer
Aceto balsamico zum Beträufeln
Mehl zum Ausrollen

ZUBEREITUNGSZEIT: 25 MIN.
+ 20 MIN. BACKEN
PRO STÜCK: 450 KAL.

1 Mehl, Butter, 1 ½ TL Salz und ¼ l lauwarmes Wasser in eine Rührschüssel geben und mit den Knethaken des Handrührgeräts gründlich zu einem leicht klebrigen Teig verkneten.

2 Ein Backblech in den Ofen (Mitte) schieben und den Backofen auf 250° vorheizen. Tomaten waschen und in dünne Scheiben schneiden, dabei die Stielansätze entfernen. Den Rucola verlesen, waschen und trocken schleudern, grobe Stiele abzwicken.

3 Den Teig in 6 Portionen teilen und jeweils auf der bemehlten Arbeitsfläche rund 3–4 mm dick ausrollen. Je 2 Teigfladen aufs Blech legen und 5–6 Min. backen, bis sie leicht gebräunt sind, dabei ein- bis zweimal wenden (Vorsicht: Alles ist sehr heiß!).

4 Die fertigen Fladen sofort auf einer Hälfte mit Frischkäse bestreichen. Mit Schinken, Tomaten, Rucola und dem Parmesan belegen. Mit Salz und Pfeffer würzen, mit etwas Balsamico beträufeln. Fladen zusammenklappen und servieren.

AUCH GUT:
Den Schinken und Parmesan nach Belieben durch Räucherlachs ersetzen oder – ebenfalls hervorragend – durch Bresaola, Ziegenkäse und Walnüsse.

LACHS-MOZZARELLA-TORTELETTS

Machen was her

FÜR 4 STÜCK

1 Kugel Mozzarella (125 g)
6 Kirschtomaten
1 Frühlingszwiebel
4 TL Pesto alla genovese (aus dem Glas)
1 TL scharfer Senf
2 TL Zitronensaft
150 g Mehl | 1 TL Backpulver
1 Prise Salz
100 g Magerquark
4 EL Milch | 5 EL neutrales Öl
Salz | Pfeffer
100 g Räucherlachs (in dünnen Scheiben)

ZUBEREITUNGSZEIT: 25 MIN.
+ 15 MIN. BACKEN
PRO STÜCK: 405 KAL.

1 Den Backofen auf 200° vorheizen. Ein Backblech mit Backpapier auslegen. Mozzarella abtropfen lassen und in 8 Scheiben schneiden. Tomaten waschen und vierteln. Frühlingszwiebel putzen, waschen und in feine Ringe schneiden. Pesto, Senf und Zitronensaft verrühren.

2 Mehl, Backpulver und Salz in einer Rührschüssel mischen. Quark, Milch und Öl dazugeben und alles zunächst mit einem Holzkochlöffel verrühren, dann mit den Händen zu einem glatten Teig verkneten.

3 Den Teig in 4 Portionen teilen, jeweils mit den Händen zu einem dünnen, runden Fladen (ca. 15 cm Ø) formen und auf das Blech legen. Die Teigränder mit einer Gabel rundherum eindrücken, sodass eine riffelige Struktur entsteht.

4 Die Teigfladen mit der Pesto-Senf-Mischung bestreichen, dabei rundherum einen kleinen Rand frei lassen. Mit Mozzarella und Tomaten belegen, salzen und pfeffern. Im Ofen (Mitte) in 12–15 Min. goldbraun backen. Torteletts herausnehmen, Lachs und die Zwiebelringe darauf verteilen, kurz warm werden lassen und servieren.

LOCKER AUFGEGANGEN

Wie die Hefe, so der Teig...

DIE SCHNELLEN 4 FÜR HEFEKUCHEN & CO.

ZIMTPULVER

Neben Vanille das klassische Gewürz für süßes Gebäck | gehört in jeden Backvorrat | passt perfekt zu Äpfeln & Pflaumen | lässiger Aromaspender in **Zwetschgendatschi** (Seite 64), **Streuselkuchen** (Seite 65) und Pflaumensauce zu **Pralinenbuchteln** (Seite 68) | auch fruchtige **Pflaumentartes** (Seite 80) und eine **Tarte Tatin** (Seite 82) lieben eine leichte Zimtnote | **Tipp:** Überall dort, wo Zimt perfekt passt, zaubert auch Ingwerpulver eine spannende frisch-scharfe Note ins Gebäck, einfach mal ausprobieren.

HEFE

Trockenhefe im Päckchen ist sehr praktisch, weil lange haltbar | ein besseres Ergebnis erzielt man mit der genauso unkomplizierten Frischhefe aus dem Kühlregal | Hefe zuerst in etwas lauwarmer Flüssigkeit (z. B. Milch oder Wasser) auflösen, frische Hefe dafür vorher zerbröckeln, dann je nach Rezept kurz gehen lassen oder sofort mit den anderen Teigzutaten mischen | braucht nur etwas Geduld, weil Hefeteig Zeit zum Gehen benötigt, um locker zu werden | ob süße Kleinigkeiten wie **Kokosschnecken** (Seite 66) und **Pralinenbuchteln** (Seite 68), **Blechkuchen** (Seite 64–65) oder auch herzhafte Zubereitungen wie ein herzhafter **Rosenkuchen** (Seite 72) und **Mini-Focaccia** (Seite 74) – kein Teig geht ohne Hefe!

ÄPFEL & PFLAUMEN

Die Obstklassiker in der Backstube | heimische Äpfel sind ganzjährig erhältlich | heimische Pflaumen und Zwetschgen haben von Juli bis September Saison | sind blitzschnell verarbeitet: einfach schälen oder waschen, vierteln oder halbieren, Kerngehäuse oder Steine entfernen – und je nach Rezept noch klein schneiden | Pflaumen bzw. Zwetschgen glänzen auf **Zwetschgendatschi** (Seite 64) und **Pflaumentartes** (Seite 80) | als Mus mit etwas Rotwein ergeben sie eine fixe Sauce zu **Pralinenbuchteln** (Seite 68) | Äpfel sind Stars in **Apfel-Mandel-Kuchen** (Seite 22), **Apfel-Nougat-Crumble** (Seite 50) und **Tarte Tatin** (Seite 82) | als Mus geben sie **Streuselkuchen** (Seite 65) eine fruchtige Note.

VANILLEPUDDINGPULVER

Praktische Instant-Mischung aus Stärke, Zucker und Aromen | sorgt in Cremes und Teigen für Bindung und einen zarten Vanillegeschmack | Pulver zum Kochen einfach unterrühren und mitbacken | Pulver ohne Kochen für blitzschnelle Vanillecremes nur kalt anrühren | gibt dem Apfelmus im **Streuselkuchen** (Seite 65) und der Kokoscreme in den **Kokosschnecken** (Seite 66) die nötige Bindung | wird bei **Heidelbeermuffins** (Seite 30) im Teig mitgebacken | als Creme ohne Kochen eine blitzschnelle Füllung für luftige **Kirsch-Knusperschnitten** (Seite 84).

LOCKER AUFGEGANGEN / 61

HEFEZOPF

Zum Brunch oder auf der Kaffeetafel ein Genuss

1 Von der Milch 1 EL abnehmen und beiseitestellen. Den Rest lauwarm erhitzen und mit 1 TL Zucker in ein Schüsselchen geben, Hefe hineinbröckeln und alles glatt verrühren. Den Hefeansatz 5 Min. gehen lassen.

2 Mehl, restlichen Zucker und Salz in einer Rührschüssel mischen. 2 Eier, Butter und Hefeansatz dazugeben. Alles mit den Knethaken des Handrührgeräts in mind. 5 Min. zu einem glatten Teig verkneten. Mit einem Küchentuch abdecken und den Teig an einem warmen Ort 1–2 Std. gehen lassen, bis sich das Volumen verdoppelt hat.

3 Dann den Backofen auf 180° vorheizen. Ein Backblech mit Backpapier auslegen.

4 Den Teig mit etwas Mehl bestäuben und mit den Händen nochmals kurz durchkneten. Teig in 2 Portionen teilen und jeweils auf dem Blech zu einem langen Strang (ca. 40 cm) formen. Beide Teigstränge miteinander verflechten und die Enden gut zusammendrücken.

5 Übriges Ei und restliche Milch verquirlen und den Zopf damit bestreichen. Mit reichlich Hagelzucker bestreuen. Im Ofen (Mitte) in ca. 40 Min. goldbraun backen.

6 Den fertigen Zopf aus dem Ofen holen und auf einem Kuchengitter lauwarm abkühlen oder völlig auskühlen lassen.

AUCH GUT:
Noch 250 g Rosinen, getrocknete Cranberrys oder Schokotropfen nach 5 Min. Knetzeit kurz unter den Teig arbeiten. Ein paar Spritzer Rum- oder Bittermandelaroma verfeinern zusätzlich.

FÜR 1 ZOPF (20 SCHEIBEN)

- **200 ml Milch**
- **100 g Zucker**
- **½ Würfel Hefe** (ca. 20 g, ersatzweise 1 Pck. Trockenhefe)
- **500 g Mehl**
- **1 TL Salz**
- **3 Eier** (M)
- **100 g weiche Butter**
- **Hagelzucker zum Bestreuen**
- **Mehl zum Arbeiten**

ZUBEREITUNGSZEIT: 25 MIN.
+ 2 STD. GEHEN
+ 40 MIN. BACKEN
PRO SCHEIBE: 165 KAL.

4 x SCHNELLE BLECHKUCHEN ...

ZWETSCHGENDATSCHI

Für 1 Backblech (25 Stück)

Den Hefeteig auf Backpapier mit etwas Mehl auf Blechgröße ausrollen und auf das Blech legen. 1,2 kg **Zwetschgen** (auch gut: rote Pflaumen) waschen, halbieren, entsteinen und in Spalten schneiden. Zwetschgen dachziegelartig auf den Teig legen. 100 g **Zucker** mit 1 TL **Zimtpulver** mischen und über die Früchte streuen. Kuchen noch ca. 10 Min. ruhen lassen, dann im 180° heißen Backofen (Mitte) 35–40 Min. backen. Zwetschgendatschi lauwarm oder kalt servieren.

BUTTERKUCHEN

Für 1 Backblech (25 Stück)

Den Hefeteig auf Backpapier mit etwas Mehl auf Blechgröße ausrollen und auf das Blech legen. In den Teig im Abstand von 5 cm mit dem Finger Vertiefungen drücken, Teig mit 200 g **Mandelblättchen** bestreuen, darauf 100 g **Zucker** und 150 g kalte **Butter** in kleinen Flöckchen verteilen. Kuchen noch ca. 10 Min. ruhen lassen, dann im 180° heißen Backofen (Mitte) 35–40 Min. backen. Nach dem Backen sofort 200 g **Sahne** gleichmäßig über den Kuchen träufeln. Den Butterkuchen lauwarm oder kalt servieren.

... mit Hefeteig: ¼ l lauwarme Milch, 1 TL Zucker und 1 Pck. Trockenhefe mischen, 10 Min. gehen lassen. Dann mit 500 g Mehl, 80 g Zucker (herzhafte Version: 2 EL Zucker), 100 g weicher Butter, 1 Ei (M) und 1 TL Salz mit den Knethaken des Handrührgeräts in 5 Min. zu einem glatten Teig kneten. Zugedeckt 1 Std. an einem warmen Ort gehen lassen. Fertig!

STREUSELKUCHEN

Für 1 Backblech (25 Stück)

Den Hefeteig auf Backpapier mit etwas Mehl auf Blechgröße ausrollen und auf das Blech legen. 350 g **Mehl**, 200 g **Zucker**, 1 TL **Zimtpulver** und 1 Prise Salz mischen. 200 g **Butter** in einem Topf bei geringer Hitze schmelzen, die Mehlmischung dazugeben und alles verrühren, bis sich Streusel bilden. 500 g **Apfelmus** mit 1 Pck. **Vanillepuddingpulver** (zum Kochen) verrühren und auf dem Teig verteilen, die Streusel darüberstreuen. Kuchen noch ca. 10 Min. ruhen lassen, dann im 180° heißen Backofen (Mitte) 35–40 Min. backen. Den Streuselkuchen lauwarm oder kalt servieren.

SAUERKRAUTKUCHEN

Für 1 Backblech (25 Stück)

Den Hefeteig auf Backpapier mit etwas Mehl auf Blechgröße ausrollen und auf das Blech legen. 550 g vorgekochtes **Sauerkraut** (aus der Dose) in ein Sieb abgießen, leicht ausdrücken. 1 säuerlichen **Apfel** (z. B. Boskop) vierteln, entkernen, schälen und klein würfeln. Beides mit 4 **Eiern** (M), 200 g **Crème fraîche** und 100 g **Speckwürfeln** mischen, mit Salz und Pfeffer würzen. Auf dem Teig verteilen. Kuchen noch ca. 10 Min. ruhen lassen, dann im 180° heißen Backofen (Mitte) 35–40 Min. backen. Den Sauerkrautkuchen heiß oder kalt servieren.

Kokosschnecken

Schmecken am besten noch lauwarm

1 In einem kleinen Topf die Milch lauwarm erhitzen. Mit 1 TL Zucker in ein Schüsselchen geben, Hefe hineinbröckeln und alles glatt verrühren. Den Hefeansatz 5 Min. gehen lassen.

2 Mehl, 150 g Zucker und Salz in einer Rührschüssel mischen. Ei, Butter, 100 g Quark und Hefeansatz dazugeben. Alles mit den Knethaken des Handrührgeräts in mind. 5 Min. zu einem glatten Teig verkneten. Mit einem Küchentuch abdecken und den Teig an einem warmen Ort 1–2 Std. gehen lassen, bis sich das Volumen verdoppelt hat.

3 Dann den Backofen auf 180° vorheizen. Ein Backblech mit Backpapier auslegen.

4 Den Teig mit etwas Mehl bestäuben, mit den Händen nochmals kurz durchkneten und auf Backpapier mit etwas Mehl auf Blechgröße ausrollen. Sahne, restlichen Quark, Kokosraspel, Puddingpulver und übrigen Zucker verrühren und gleichmäßig auf den Teig streichen, Schokotropfen darüberstreuen und leicht eindrücken.

5 Teig mithilfe des Backpapiers von der Längsseite her aufrollen und die Rolle mit einem Sägemesser in 18 Scheiben (ca. 2 cm dick) schneiden. Die Hälfte der Kokosschnecken auf das Blech legen und im Ofen (Mitte) in ca. 35 Min. goldbraun backen. Die übrigen Schnecken auf einen zweiten Bogen Backpapier legen und anschließend ebenfalls backen.

6 Die fertigen Kokosschnecken aus dem Ofen holen und auf einem Kuchengitter lauwarm abkühlen oder völlig auskühlen lassen, dann fein mit Puderzucker bestäuben.

FÜR 18 STÜCK

- **100 ml Milch**
- **250 g Zucker**
- **½ Würfel Hefe** (ca. 20 g, ersatzweise 1 Pck. Trockenhefe)
- **400 g Mehl**
- **½ TL Salz**
- **1 Ei** (M)
- **100 g weiche Butter**
- **350 g Magerquark**
- **200 g Sahne**
- **200 g Kokosraspel**
- **1 Pck. Vanillepuddingpulver** (zum Kochen)
- **100 g Schokotropfen**
- **Puderzucker zum Bestäuben**
- **Mehl zum Arbeiten**

ZUBEREITUNGSZEIT: 25 MIN.
+ 2 STD. GEHEN
+ 35 MIN. BACKEN (PRO BLECH)
PRO STÜCK: 330 KAL.

PRALINENBUCHTELN

Spezialität aus Österreich, Bayern und Böhmen

1 In einem kleinen Topf die Milch lauwarm erhitzen. Mit 1 TL Zucker in ein Schüsselchen geben, Hefe hineinbröckeln und alles glatt verrühren. Den Hefeansatz 5 Min. gehen lassen.

2 Mehl, restlichen Zucker und Salz in einer Rührschüssel mischen. Ei, 100 g Butter und den Hefeansatz dazugeben. Alles mit den Knethaken des Handrührgeräts in mind. 5 Min. zu einem glatten Teig verkneten. Mit einem Küchentuch abdecken und den Teig an einem warmen Ort 1–2 Std. gehen lassen, bis sich das Volumen verdoppelt hat.

3 Den Backofen auf 200° vorheizen. Eine Auflauf- oder Springform (24–25 cm Ø) einfetten.

4 Den Teig mit etwas Mehl bestäuben, mit den Händen nochmals kurz durchkneten und in 8 Portionen teilen. Jede Portion in der Hand flach drücken, 1 Praline daraufsetzen, den Teig zusammenklappen, verschließen und vorsichtig zu einer Kugel rollen.

5 Die Teigkugeln dicht nebeneinander in die Form setzen. Im Ofen (Mitte) in 25–30 Min. goldbraun backen, dabei gegen Ende ein- bis zweimal mit der übrigen Butter bestreichen.

6 Die fertigen Pralinenbuchteln aus dem Ofen holen und auf einem Kuchengitter lauwarm abkühlen lassen, dann mit Puderzucker bestäuben.

PASST GUT DAZU:
Für eine schnelle Fruchtsauce 200 g feines Pflaumenmus mit 50 ml Rotwein und etwas Zimtpulver verrühren. Mit den Buchteln auf den Tisch stellen.

FÜR 8 STÜCK

- **150 ml Milch**
- **100 g Zucker**
- **½ Würfel Hefe** (ca. 20 g, ersatzweise 1 Pck. Trockenhefe)
- **350 g Mehl**
- **½ TL Salz**
- **1 Ei** (M)
- **120 g weiche Butter**
- **8 große Pralinen** (Sorte nach Geschmack, z. B. Mozartkugeln)
- **Puderzucker zum Bestäuben**
- **Butter für die Form**
- **Mehl zum Arbeiten**

ZUBEREITUNGSZEIT: 30 MIN.
+ 2 STD. GEHEN
+ 30 MIN. BACKEN
PRO STÜCK: 460 KAL.

Sonnenblumenbrot ohne Kneten

Perfekt für sehr Faule mit viel Geduld

FÜR 1 KASTENFORM (16 SCHEIBEN)

- 500 g Weizen- oder Dinkelvollkornmehl
- ½ TL Trockenhefe
- 1 EL Zucker
- 130 g Sonnenblumenkerne
- 1½ TL Salz
- 2 EL Naturjoghurt
- Fett und Semmelbrösel für die Form
- Mehl zum Arbeiten

ZUBEREITUNGSZEIT: 10 MIN.
+ 18 STD. GEHEN
+ 50 MIN. BACKEN
PRO SCHEIBE: 165 KAL.

1 Am Vortag Mehl, Hefe, Zucker, 100 g Sonnenblumenkerne und Salz in einer Rührschüssel mischen. 400 ml lauwarmes Wasser dazugießen und alles mit einem Holzkochlöffel verrühren. Teig zugedeckt bei Zimmertemperatur ca. 17 Std. gehen lassen.

2 Am nächsten Tag die Form einfetten und mit Bröseln ausstreuen. Den Teig mit etwas Mehl bestäuben, vom Rand der Schüssel lösen und mehrfach von der Seite übereinanderschlagen. Den Teig in die Form geben und noch einmal 1 Std. gehen lassen.

3 Dann den Backofen auf 200° vorheizen, auf den Ofenboden ein Schüsselchen mit Wasser stellen. Teig vorsichtig mit Joghurt bestreichen und mit den restlichen Sonnenblumenkernen bestreuen. Im Ofen (Mitte) ca. 50 Min. backen, bis das Brot eine schöne Kruste bekommen hat.

4 Fertiges Sonnenblumenbrot aus dem Ofen holen und 10 Min. in der Form ruhen lassen. Dann vorsichtig aus der Form stürzen und auf einem Kuchengitter auskühlen lassen.

AUCH GUT:
Für ein einfaches Weißbrot Sonnenblumenkerne weglassen und das Vollkornmehl durch Weizenmehl Type 405 ersetzen. Dann werden nur 350 ml Wasser benötigt.

HERZHAFTER ROSENKUCHEN

Damit schinden auch Faule richtig Eindruck

FÜR 1 SPRINGFORM (8 STÜCK)

- 3 TL Zucker
- ½ Würfel Hefe (ca. 20 g, ersatzweise 1 Pck. Trockenhefe)
- 450 g Mehl
- Salz
- 1 Pck. TK-Zwiebeln (70 g)
- 1 Ei (M)
- 3 EL neutrales Öl
- 450 g TK-Blattspinat (aufgetaut)
- 280 g getrocknete Tomaten (in Öl)
- 200 g Schafskäse (Feta)
- 1 EL Zitronensaft
- 2 Knoblauchzehen
- Pfeffer
- 200 g Schwarzwälder Schinken (in dünnen Scheiben)
- Öl und Mehl für die Form
- Mehl zum Arbeiten

ZUBEREITUNGSZEIT: 30 MIN.
+ 2 STD. GEHEN
+ 1 STD. BACKEN
PRO STÜCK: 560 KAL.

1 In einem Schüsselchen 200 ml lauwarmes Wasser und 1 TL Zucker verrühren. Hefe hineinbröckeln, alles glatt verrühren.

2 Mehl, 1 TL Salz und TK-Zwiebeln in einer Rührschüssel mischen. Ei, Öl und Hefeansatz dazugeben. Alles mit den Knethaken des Handrührgeräts in mind. 5 Min. zu einem glatten Teig verkneten. Mit einem Küchentuch abdecken und den Teig an einem warmen Ort 1–2 Std. gehen lassen, bis sich das Volumen verdoppelt hat.

3 Dann Backofen auf 180° vorheizen. In den Boden der Springform Backpapier einspannen, Formrand einfetten, mit Mehl ausstreuen. Spinat ausdrücken, Tomaten abtropfen lassen und klein schneiden, Feta fein zerbröckeln. Alles mit übrigem Zucker und Zitronensaft mischen, Knoblauch schälen und dazupressen, salzen und pfeffern.

4 Den Teig mit etwas Mehl bestäuben, mit den Händen nochmals kurz durchkneten und auf Backpapier mit etwas Mehl zu einem Rechteck ausrolllen (ca. 50 x 40 cm). Mit dem Schinken belegen, Spinat-Feta-Mischung darauf verteilen.

5 Teig mithilfe des Backpapiers von der Längsseite her aufrollen und die Rolle in 8 gleich dicke Scheiben schneiden. Die Schnecken mit einer Schnittfläche nach oben nebeneinander in die Form setzen und etwas flach drücken, sodass die Form fast vollständig ausgefüllt ist. Im Ofen (Mitte) in 50–60 Min. goldbraun backen. Den Rosenkuchen noch heiß servieren.

MINI-FOCACCIA

Herzhafte Fladenbrote aus Ligurien

FÜR 4 STÜCK

- 1 TL Zucker
- 2 TL Trockenhefe
- 250 g Mehl
- ½ TL Salz
- 8 EL Olivenöl
- 2 EL getrockneter Rosmarin
- grobes Meersalz
- Mehl zum Arbeiten

ZUBEREITUNGSZEIT: 20 MIN.
+ 2 STD. 30 MIN. GEHEN
+ 20 MIN. BACKEN
PRO STÜCK: 410 KAL.

1 In einem Schüsselchen 150 ml lauwarmes Wasser, Zucker und Hefe glatt verrühren.

2 Mehl und Salz in einer Rührschüssel mischen. 2 EL Öl und den Hefeansatz dazugeben. Alles mit den Knethaken des Handrührgeräts in mind. 5 Min. zu einem glatten Teig verkneten. Mit einem Küchentuch abdecken und den Teig an einem warmen Ort 1–2 Std. gehen lassen, bis sich das Volumen verdoppelt hat.

3 Dann ein Backblech mit Backpapier auslegen und mit 4 EL Öl bestreichen. Den Teig mit etwas Mehl bestäuben, mit den Händen nochmals kurz durchkneten und in 4 Portionen teilen. Jede Teigportion zu einem länglichen, 1 cm dicken Fladen formen, auf das Blech legen und mit den Fingern in kleinen Abständen Vertiefungen in den Teig drücken. Zugedeckt ca. 30 Min. gehen lassen.

4 Den Backofen auf 200° vorheizen, auf den Ofenboden ein Schüsselchen mit Wasser stellen. Die Fladen mit dem restlichen Öl beträufeln, mit Rosmarin und grobem Meersalz bestreuen. Im Ofen (Mitte) in 15–20 Min. goldbraun backen. Lauwarm oder kalt servieren.

AUCH GUT:
Vor dem Backen die Focaccia nach Belieben noch mit Oliven, halbgetrockneten Tomaten (in Öl) oder roten Zwiebelwürfeln belegen.

LÄSSIG AUSGEROLLT

Blitzschnelle Retter aus dem Kühlregal...

DIE SCHNELLEN 4 FÜRS LÄSSIGE BACKEN

PIZZA- & BLÄTTERTEIG

Frisch und aus dem Kühlregal sind sie ideal für extrafaule Bäcker | bereits fertig ausgerollt muss man sie nur noch entrollen | frischer Teig schmeckt besser als tiefgefrorener, den man alternativ nehmen kann | Pizzateig ist die schnelle Basis für herrlich knusprige **Flammkuchen** (Seite 94–95) oder türkische **Hackfleisch-Lauch-Pide** (Seite 96) | vielseitiger Blätterteig überzeugt in jeder Variante – ob als rechteckige **Pflaumentartes** (Seite 80), als ur-französische upside-down-gebackene **Tarte Tatin** (Seite 82) oder als süße oder herzhafte **Teigtaschen** (Seite 88–89) | **Tipp:** Blätterteig wird besonders knusprig-süß, wenn er vor dem Backen mit verquirltem Ei bestrichen und mit reichlich Puderzucker bestäubt wird.

FILO- & YUFKATEIG

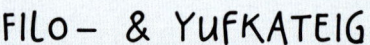

Hauchdünner Strudelteig aus Griechenland bzw. der Türkei | mittlerweile auch im Kühlregal der Supermärkte zu finden | Wichtig: Schnell verarbeiten – der Teig trocknet rasch aus! | bei der Verarbeitung daher mit einem feuchten Küchentuch oder Frischhaltefolie abdecken | mit vielen hauchdünnen knusprigen Schichten als **Gemüse-Tofu-Strudel** (Seite 90) ein echter Geheimtipp | als **Garnelenküchlein** (Seite 92) ein Highlight auf jedem Büfett | **Tipp:** Fleischliebhaber füllen den Strudel (Seite 90) mit dem Belag der Pide (Seite 96), Vegetarier mit der Füllung des Rosenkuchens (Seite 72), aber ohne den Schinken.

MARZIPAN

»Süßigkeit« aus gemahlenen Mandeln | in 1.000 Varianten erhältlich, von einfacher Rohmasse bis hin zu feinen Marzipankartoffeln und Pralinen | als Variante mit Marzipanboden wird die **Tarte Tatin** (Seite 82) noch verführerischer | mit Marzipankartoffeln entwickelt sich süßer **Flammkuchen** (Seite 95) zu einer knusprigen Köstlichkeit | **Apfel-Mandel-Kuchen** (Seite 22) wird durch Marzipan unschlagbar | Mozartkugeln mit Marzipan machen **Pralinenbuchteln** (Seite 68) zu einem wahren Genuss | **Tipp:** 200 g Marzipanrohmasse in sehr dünne Scheiben schneiden und die **Pflaumentartes** (Seite 80) zunächst mit dem Marzipan, dann erst mit den Pflaumen belegen, anschließend wie beschrieben backen.

TK-KRÄUTER & PESTO ALLA GENOVESE

Praktisch für den Vorrat, da lange haltbar und somit ständig verfügbar | viel aromatischer als getrocknete Kräuter, ausgenommen Rosmarin und Thymian | damit sie nicht antauen, lautet bei TK-Kräutern die Regel: beim Einkauf als letztes in den Korb und zu Hause als erstes ins Gefrierfach | Herzhaftes wie **Gemüse-Tofu-Strudel** (Seite 90), **Hackfleisch-Lauch-Pide** (Seite 96) oder **Feta-Kartoffel-Quiche** (Seite 52) erhält durch gemischte italienische TK-Kräuter feine Würze | TK-Schnittlauch gibt pikanten **Nuss-Schnittlauch-Plätzchen** (Seite 114) den Frischekick | das Pesto verleiht **Flammkuchen** mit Champignons und Radicchio (Seite 95), **Lachs-Mozzarella-Torteletts** (Seite 56) und **Polenta-Pizza** (Seite 128) Basilikumfrische.

LÄSSIG AUSGEROLLT

PFLAUMENTARTES

Expresskuchen mit Knusperteig

FÜR 4 STÜCK

- 1 Pck. Blätterteig (275 g, fertig ausgerollt, aus dem Kühlregal)
- 1 Ei (M)
- 1 EL Milch
- 80 g Zucker
- 6 EL Sesamsamen
- 4 große rote Pflaumen
- ½ TL Zimtpulver

ZUBEREITUNGSZEIT: 20 MIN. + 35 MIN. BACKEN
PRO STÜCK: 460 KAL.

1 Den Backofen auf 180° vorheizen. Ein Backblech mit Backpapier auslegen. Blätterteig entrollen, quer in 4 gleich breite Streifen schneiden und auf das Blech legen.

2 Das Ei mit der Milch verquirlen. Den Blätterteig großzügig mit dem Ei bestreichen, mit 50 g Zucker und dem Sesam bestreuen.

3 Die Pflaumen waschen, halbieren, entsteinen und in dünne Spalten schneiden. Die Pflaumenspalten dachziegelartig auf den Teigstreifen anordnen, dabei rundherum einen Rand lassen.

4 Restlichen Zucker mit dem Zimt mischen und über die Pflaumen streuen. Die Tartes im Ofen (Mitte) in ca. 35 Min. knusprig backen.

5 Die fertigen Pflaumentartes aus dem Ofen holen und auf einem Kuchengitter lauwarm abkühlen oder völlig auskühlen lassen.

AUCH GUT:
Die Sesamsamen durch Mohnsamen ersetzen, anstatt der Pflaumen einmal Aprikosen oder Weinbergpfirsiche nehmen.

TARTE TATIN

Sorgt bei Tisch für »Ahs« und »Ohs«

1 Den Backofen auf 200° vorheizen. Die Äpfel vierteln, entkernen, schälen und mit Zimt und Zitronensaft mischen. Den Zucker gleichmäßig in die Pfanne streuen und schmelzen lassen, dann die Butter unterrühren und zerlassen.

2 Die Äpfel kurz in der Zucker-Butter-Mischung schwenken und dann so drehen, dass die Rundungen nach unten zeigen und die Stücke dicht an dicht in der Pfanne liegen. Im Ofen (Mitte) 10 Min. backen.

3 Blätterteig entrollen und quer einen Streifen Teig so abschneiden, dass ein großes Quadrat entsteht (den abfallenden Streifen anderweitig verwenden, z. B. für Pflaumentartes, Seite 80). Die Pfanne aus dem Ofen nehmen und das Teigquadrat über die Äpfel legen. Die Teigränder über den Äpfeln nach unten drücken, dabei falls nötig leicht zusammenfalten.

4 Mit einem Messer einige Löcher in den Teig stechen, damit die heiße Luft entweichen kann. Pfanne wieder in den Ofen (Mitte) schieben und die Tarte in ca. 30 Min. goldbraun backen.

5 Fertige Tarte Tatin aus dem Ofen holen und 5 Min. ruhen lassen. Dann einen großen Teller umgedreht auf die Pfanne legen und den Kuchen daraufstürzen, lauwarm abkühlen lassen.

AUCH GUT:
Blätterteig mit verquirltem Ei bestreichen, eine fertig ausgerollte Marzipandecke darauflegen und beides etwas größer als die Pfanne zuschneiden. Mit dem Marzipan nach unten auf die Äpfel legen, wie beschrieben backen. Dazu passt Vanilleeis.

FÜR 1 OFENFESTE PFANNE (28 CM Ø, 8 STÜCK)

- 5 große säuerliche Äpfel (z. B. Boskop)
- ½ TL Zimtpulver
- 1 EL Zitronensaft
- 100 g Zucker
- 50 g Butter
- 1 Pck. Blätterteig (275 g, fertig ausgerollt, aus dem Kühlregal)

ZUBEREITUNGSZEIT: 25 MIN. + 40 MIN. BACKEN
PRO STÜCK: 255 KAL.

KIRSCH-KNUSPERSCHNITTEN

Perfekt für spontane Gäste

FÜR 4 STÜCK

- **1 Pck. Blätterteig** (275 g, fertig ausgerollt, aus dem Kühlregal)
- **1 Ei** (M)
- **100 ml Milch**
- **100 g Puderzucker**
- **200 g Schmand**
- **1 Pck. Vanillecremepulver** (zum kalten Anrühren)
- **300 g Kirschgrütze** (aus dem Kühlregal)

ZUBEREITUNGSZEIT: 20 MIN.
+ 10 MIN. BACKEN
PRO STÜCK: 615 KAL.

1 Den Backofen auf 200° vorheizen. Ein Backblech mit Backpapier auslegen. Blätterteig entrollen, quer in 4 gleich breite Streifen schneiden und diese nochmals quer halbieren. Die Teigstücke auf das Blech legen.

2 Das Ei mit 1 EL Milch verquirlen. Blätterteig großzügig mit dem Ei bestreichen und gleichmäßig mit 50 g Puderzucker bestäuben. Im Ofen (Mitte) in ca. 10 Min. knusprig backen.

3 Die fertigen Knusperschnitten aus dem Ofen holen und auf einem Kuchengitter 10 Min. abkühlen lassen. Inzwischen Schmand, die übrige Milch, 2 EL Puderzucker (der Rest ist für die Deko) und Vanillecremepulver in einer Rührschüssel mit den Quirlen des Handrührgeräts zu einer Creme verrühren.

4 Dann 4 Knusperschnitten ganz leicht flach drücken. Zuerst die Vanillecreme, anschließend die Kirschgrütze darauf verteilen. Die restlichen Knusperschnitten daraufsetzen. Mit dem übrigen Puderzucker bestäuben.

INGWER-SCHWEINEÖHRCHEN

Knusprig, süß und ingwerscharf

1 Den Backofen auf 200° vorheizen. Ein Backblech mit Backpapier auslegen. Das Ei mit Milch, Puderzucker und 1 TL Ingwer verquirlen. Zucker und übrigen Ingwer mischen.

2 Blätterteig entrollen, quer in 4 gleich breite Streifen schneiden und auf das Blech legen. Den Teig mit etwas Ei bestreichen und 80 g Ingwerzucker daraufstreuen.

3 Jeden Teigstreifen von den beiden schmalen Seiten her zur Mitte hin einrollen, bis sich beide Teigrollen treffen. Nochmals mit ein wenig Ei bestreichen, zusammendrücken und die Stränge mit einem scharfen Messer jeweils in 8 Scheiben schneiden. Die Schweineöhrchen im restlichen Ingwerzucker wenden.

4 Die Hälfte der Schweineöhrchen auf das Blech legen und im Ofen (Mitte) in ca. 12 Min. knusprig backen. Übrige Öhrchen auf einen zweiten Bogen Backpapier legen und anschließend ebenfalls backen.

5 Die fertigen Ingwer-Schweineöhrchen aus dem Ofen holen und auf einem Kuchengitter auskühlen lassen.

AUCH GUT:
Wer Ingwer nicht so gerne mag, verwendet stattdessen einfach die halbe Menge Zimtpulver oder Lebkuchengewürz.

FÜR 32 STÜCK

- 1 Ei (M)
- 1 EL Milch
- 2 EL Puderzucker
- 5 EL Ingwerpulver
- 100 g Zucker
- 1 Pck. Blätterteig (275 g, fertig ausgerollt, aus dem Kühlregal)

ZUBEREITUNGSZEIT: 20 MIN.
+ 12 MIN. BACKEN (PRO BLECH)
PRO STÜCK: 50 KAL.

4 x SCHNELLE TEIGTASCHEN ...

NUSSTASCHEN

Für 8 Stück

Ein Backblech mit Backpapier auslegen. 150 g gemahlene **Mandeln**, 50 g **Haselnuss-** oder **Mandelblättchen**, 50 g **Schokotropfen**, 4 EL **Honig**, 1 Prise **Salz** und 100 g **Sahne** zu einer klebrigen Masse vermengen. Auf eine Hälfte jedes Teigstücks etwas Nussmasse setzen und die freie Teighälfte so darüberklappen, dass ein Rechteck entsteht. Auf das Blech legen, die Teigränder andrücken und mit einer Gabel Rillen eindrücken. Die Taschen mit etwas Ei bestreichen, mit wenig **Puderzucker** bestäuben und im 200° heißen Backofen (Mitte) in 10–12 Min. goldbraun backen. Lauwarm oder kalt servieren.

BANANENTASCHEN

Für 8 Stück

Ein Backblech mit Backpapier auslegen. 100 g weiße **Schokolade** grob hacken. 2 **Bananen** schälen und in dünne Scheiben schneiden. 1 EL **Honig** in einer Pfanne erhitzen, die Bananen kurz darin schwenken. Auf einer Hälfte jedes Teigstücks Schokolade und Bananen verteilen, je 2–3 **Salzmandeln** (50 g) darauflegen und die freie Teighälfte so darüberklappen, dass ein Rechteck entsteht. Auf das Blech legen, die Teigränder andrücken und mit einer Gabel Rillen eindrücken. Die Taschen mit etwas Ei bestreichen, mit wenig **Puderzucker** bestäuben und im 200° heißen Backofen (Mitte) in 10–12 Min. goldbraun backen. Lauwarm oder kalt servieren.

... nicht nur fürs Büfett. Als Basis 1 Pck. Blätterteig (275 g, aus der Kühltheke) entrollen, quer vierteln, die Streifen quer halbieren, belegen und falten. Jetzt nur noch 1 Ei (M) mit 1 EL Milch verquirlen, die Teigtaschen dünn damit bestreichen, backen, reinbeißen ... und überraschen lassen.

KÄSE-TOMATEN-TASCHEN

Für 8 Stück

Ein Backblech mit Backpapier auslegen. 80 g getrocknete **Tomaten** (in Öl) abtropfen lassen, 50 g **Walnusskerne** grob hacken, 150 g **Ziegenfrischkäserolle** achteln. Auf einer Hälfte jedes Teigstücks Käse, Tomaten und Nüsse verteilen, ½ TL **Honig** und 1 Prise getrockneten **Rosmarin** darübergeben, mit **Salz** und **Pfeffer** würzen. Die freie Teighälfte so darüberklappen, dass ein Rechteck entsteht. Auf das Blech legen, die Teigränder andrücken und mit einer Gabel Rillen eindrücken. Die Taschen mit etwas Ei bestreichen, im 200° heißen Backofen (Mitte) in 10–12 Min. goldbraun backen. Lauwarm oder kalt servieren.

WURSTRÖLLCHEN

Für 8 Stück

Ein Backblech mit Backpapier auslegen. 1 kleine **Zwiebel** schälen und in feine Würfel schneiden. Je 1 leicht gehäuften TL süßen **Senf** auf einer Hälfte jedes Teigstücks verteilen, Zwiebelwürfel daraufstreuen. 8 **Wiener Würstchen** (ca. 12 cm lang) jeweils an beiden Enden kreuzweise 1 cm tief einschneiden. Die Würstchen in je 1 Scheibe **Räucherkäse** (ca. 20 g) einwickeln und auf die bestrichenen Teighälften legen. Von dort aus den Teig so einrollen, dass die Würstchen an beiden Seiten noch herausschauen. Teigränder an den Würstchen gut andrücken. Auf das Blech legen, Wurströllchen mit etwas Ei bestreichen und im 200° heißen Backofen (Mitte) in ca. 15 Min. goldbraun backen. Lauwarm oder kalt servieren.

GEMÜSE-TOFU-STRUDEL

Gabel für Gabel ein knuspriger Genuss

FÜR 1 SPRINGFORM (8 STÜCK)

- **1 Dose Kichererbsen** (Abtropfgewicht ca. 250 g)
- **1 Glas eingelegte, gegrillte Paprikaschoten** (Abtropfgewicht ca. 170 g)
- **1 Zucchino**
- **200 g Tofu**
- **6 EL neutrales Öl**
- **2 EL Honig**
- **2 EL Zitronensaft**
- **1 Pck. italienische TK-Kräutermischung**
- **2 TL edelsüßes Paprikapulver**
- **1 Msp. Zimtpulver**
- **100 g schwarze Oliven** (ohne Stein)
- **Salz | Pfeffer**
- **10 Filo- oder Yufkateigblätter** (250 g, je ca. 30 x 30 cm, aus dem Kühlregal)

ZUBEREITUNGSZEIT: 30 MIN.
+ 35 MIN. BACKEN
PRO STÜCK: 300 KAL.

1 Den Backofen auf 200° vorheizen. Die Kichererbsen in ein Sieb abgießen, kalt abspülen und abtropfen lassen. Die Paprikaschoten ebenfalls abtropfen lassen, Zucchino waschen und putzen, beides sowie auch den Tofu klein würfeln.

2 In einer Pfanne 2 EL Öl erhitzen. Darin den Tofu rundherum braun braten. Zucchino dazugeben und kurz mitbraten. Honig, Zitronensaft, Kräuter, Gewürze und 4–5 EL Wasser untermischen. Paprikaschoten, Oliven und Kichererbsen hinzufügen, alles noch 2 Min. dünsten, salzen und pfeffern.

3 Die Springform so mit 1 Teigblatt auslegen, dass es an einer Seite ca. 5 cm über den Rand hängt. Mit Öl einpinseln und dann das nächste Blatt leicht versetzt darauflegen und über den Rand hängen lassen, wieder mit Öl einpinseln. Auf diese Weise insgesamt 8 Teigblätter auslegen, bis rundherum Teig über den Formrand hängt und der Boden vollständig bedeckt ist.

4 Füllung in der Form verteilen, überhängende Teigränder darüberklappen. Übrige Teigblätter darauflegen, dabei jeweils mit Öl einpinseln, überstehende Ränder in die Form drücken. Den Strudel im Ofen (Mitte) in 30–35 Min. goldbraun backen, dabei zwischendurch abdecken. Den Strudel in Stücke schneiden und heiß servieren.

GARNELENKÜCHLEIN

Echter Hingucker mit Asia-Touch

FÜR 1 MUFFINBLECH (12 STÜCK)

- 6 Filo- oder Yufkateigblätter (150 g, je ca. 30 x 30 cm, aus dem Kühlregal)
- 3 EL neutrales Öl
- 4 Eier (M)
- 3 TL Zitronengraspaste
- 2 TL Zucker
- 2 Knobauchzehen
- Salz | Pfeffer
- 1 großer Zucchino
- 12 Kirschtomaten
- 12 TK-Garnelen (ca. 200 g, küchenfertig, aufgetaut)
- 2 Frühlingszwiebeln

ZUBEREITUNGSZEIT: 25 MIN.
+ 30 MIN. BACKEN
PRO STÜCK: 125 KAL.

1 Den Backofen auf 200° vorheizen. Die Teigblätter mit Öl einpinseln, zusammenklappen und quer halbieren. Die doppelten Teigstücke in die Mulden des Muffinblechs drücken, die überstehenden Teigränder eventuell mit einer Küchenschere etwas einkürzen.

2 Eier, Zitronengraspaste und Zucker verrühren. Knoblauch schälen und dazupressen, mit Salz und Pfeffer würzen. Zucchino waschen, putzen, grob raspeln und gut ausdrücken, unter die Eiermischung mengen. Die Tomaten waschen und halbieren, Garnelen gründlich trocken tupfen.

3 Die Eiermischung in den Teigkörbchen verteilen und je 1 Garnele und 2 Tomatenhälften hineinsetzen. Die Küchlein im Ofen (Mitte) in 25–30 Min. goldbraun backen, dabei zwischendurch abdecken.

4 Die Frühlingszwiebeln putzen, waschen und in feine Ringe schneiden. Blech aus dem Ofen nehmen, die Küchlein vorsichtig aus dem Blech lösen und mit den Zwiebelringen bestreuen. Je nach Vorliebe heiß, lauwarm oder kalt servieren.

TIPP:
Die Zitronengraspaste gibt es in der Asienecke im gut sortierten Supermarkt oder im Asienladen. Wer es gerne scharf mag, kann als Ersatz grüne Currypaste verwenden.

4 x SCHNELLE FLAMMKUCHEN ...

KLASSISCH MIT SPECK UND ZWIEBELN

Für 2 Flammkuchen

4 **Zwiebeln** schälen und fein würfeln. Den Teig mit 200 g **Schmand** bestreichen, mit **Salz** und **Pfeffer** würzen und mit den Zwiebeln und 150 g **Schinkenwürfeln** belegen. Das Blech (Vorsicht, heiß!) aus dem Ofen nehmen, 1 Flammkuchen samt Backpapier vorsichtig daraufziehen. Den Flammkuchen im Ofen (Mitte) in 7–10 Min. knusprig braun backen. Danach den zweiten Flammkuchen ebenfalls backen. Fertige Flammkuchen halbieren oder vierteln, sofort servieren.

MIT TOMATEN UND ZUCCHINI

Für 2 Flammkuchen

1 **Zucchino** waschen, putzen und in dünne Scheiben schneiden. 250 g **Kirschtomaten** waschen und vierteln. 1 Handvoll **Petersilienblätter** abbrausen und trocken tupfen. Den Teig mit 200 g **Kräuterquark** bestreichen, die Petersilie darüberstreuen, mit Zucchino und Tomaten belegen. Die Flammkuchen wie links beschrieben backen. Fertige Flammkuchen halbieren oder vierteln, sofort servieren

... dreimal herzhaft, einmal süß – und jedes Mal unwiderstehlich. Einfach Backofen samt Blech auf 250° vorheizen. 1 Pck. Pizzateig (400 g, aus dem Kühlregal) entrollen, quer halbieren und jeweils auf bemehltem Backpapier fast bis auf Blechgröße ausrollen. Belegen, backen, fertig.

MIT CHAMPIGNONS UND RADICCHIO

Für 2 Flammkuchen

250 g **Champignons** putzen, in dünne Scheiben schneiden. 1 **Zwiebel** schälen und fein würfeln. Teig mit 200 g **Schmand** bestreichen, mit **Salz** und **Pfeffer** würzen. 50 g **Pesto alla genovese** (aus dem Glas) in Klecksen auf dem Schmand verteilen, dann die Zwiebel und Pilze darüberstreuen. Die Flammkuchen wie links beschrieben backen. Zwischendurch 100 g **Radicchioblätter** waschen, trocken schleudern, in feine Streifen schneiden. Mit je 1 EL **Olivenöl** und **Aceto balsamico** mischen, mit **Salz** und **Pfeffer** würzen. Fertige Flammkuchen halbieren oder vierteln, mit Radicchio und nach Belieben gehobeltem **Parmesan** bestreuen und sofort servieren.

MIT HIMBEEREN UND MARZIPAN

Für 2 Flammkuchen

200 g **saure Sahne** mit 2 Pck. **Vanillezucker** verrühren, den Teig damit bestreichen und erst mal 1 Flammkuchen belegen. 200 g **Marzipankartoffeln** in Scheiben schneiden und die Hälfte mit 100 g **TK-Himbeeren** auf dem Flammkuchen verteilen. Je 50 g **Mandelstifte** und **Schokotropfen** darüberstreuen. Flammkuchen wie links beschrieben backen. Den zweiten Flammkuchen belegen und ebenfalls backen. Fertige Flammkuchen halbieren oder vierteln, mit Puderzucker bestäuben und sofort servieren.

HACKFLEISCH-LAUCH-PIDE

Pizza auf türkische Art

FÜR 4 STÜCK

- 1 kleine Stange Lauch
- 1 kleine rote Spitzpaprikaschote
- 1 Fleischtomate
- 2 EL neutrales Öl
- 300 g Rinderhackfleisch
- 1 Pck. italienische TK-Kräutermischung
- 1 EL Zucker
- 3 EL Aceto balsamico
- 2 TL edelsüßes Paprikapulver
- 50 g saure Sahne
- 1 Ei (M)
- Salz | Pfeffer
- 1 Pck. Pizzateig (400 g, fertig ausgerollt, aus dem Kühlregal)

ZUBEREITUNGSZEIT: 30 MIN.
+ 20 MIN. BACKEN (PRO BLECH)
PRO STÜCK: 585 KAL.

1 Den Backofen auf 200° vorheizen. Den Lauch putzen, längs einschneiden, gründlich waschen und in dünne Ringe schneiden. Paprikaschote längs halbieren, putzen, waschen und klein schneiden. Tomate waschen und klein würfeln, dabei den Stielansatz entfernen.

2 Öl in einer Pfanne erhitzen. Das Hackfleisch darin braten, bis es bröselig und nicht mehr roh ist. Lauch und Paprikaschote dazugeben und kurz mitbraten. Kräuter, Zucker, Balsamico und Paprikapulver dazugeben und untermischen. Tomate, saure Sahne und Ei unterrühren, mit Salz und Pfeffer kräftig abschmecken.

3 Den Pizzateig entrollen und quer in 4 gleich breite Streifen schneiden. Je 2 Teigstreifen zusammen auf Backpapier legen und etwas in die Breite ziehen. Die Hack-Lauch-Mischung auf den Fladen verteilen, dabei rundherum einen kleinen Rand frei lassen. Längsseiten ein wenig über den Belag klappen, die Enden spitz formen.

4 Die ersten 2 Pide samt dem Backpapier auf ein Backblech ziehen und im Ofen (Mitte) in ca. 20 Min. knusprig backen. Danach übrige Pide ebenfalls backen. Sofort servieren.

REINE FORMSACHE

Feine Plätzchen – kleine Sünden...

DIE SCHNELLEN 4 FÜR PLÄTZCHEN & CO.

SPEISESTÄRKE

Macht Gebäck besonders fein und lässt es auf der Zunge zergehen | meist aus Mais oder Kartoffeln gewonnen | kann notfalls durch Mehl ersetzt werden, dann wird das Gebäck etwas grober und fester | **Zitronen-Ausstecherle** (Seite 102), gefüllte **Alfajores** (Seite 110), **Sandkuchen** (Seite 16) und **Cupcakes** (Seite 32–33) werden durch sie erst perfekt | dickt beim **Beeren-Nuss-Crumble** (Seite 50) die Beerenmischung etwas an.

GANZE NÜSSE

Extrapraktisch, da es sie bereits geknackt zu kaufen gibt | reich an Mineralstoffen und Vitaminen | äußerst leckere Neuzugänge: Pekan- und Macadamianüsse | gesalzene, knackig-geröstete Macadamianüsse machen **Schoko-Macadamia-Cookies** (Seite 104) zu einem All-American-Favourite und den **Beeren-Nuss-Crumble** (Seite 50) zu einer süßen Sünde | **Cantuccini** (Seite 112) kommen zur Abwechslung mit einer bunten Nussmischung daher | Pekannüsse adeln **Brownies** (Seite 28) | Walnüsse zeigen im **Nuss-Nougat-Kuchen** (Seite 44) was in ihnen steckt, in **Käse-Tomaten-Taschen** (Seite 89) und **Nuss-Schnittlauch-Plätzchen** (Seite 114) auch ihre herzhafte Seite.

SCHOKOTROPFEN

Ein Muss fürs faule Backen, da sofort einsatzbereit | sorgen für den Schoko-Kick, weil sie beim Backen nicht zerlaufen | auch als Bio-Version erhältlich | ein klassischer Bestandteil amerikanischer **Schoko-Macadamia-Cookies** (Seite 104), aber auch als Topping von **Schoko-Mandel-Talern** (Seite 106) ein Genuss | geben **Pekannuss-Brownies** (Seite 28) das gewisse Extra | veredeln die Füllung von schnellen **Nusstaschen** (Seite 88) und **Kokosschnecken** (Seite 66) | **Klasse-Tipp** für Schokofans: aus Heidelbeermuffins (Seite 30) werden **Chocolate-Chip-Muffins,** wenn Sie die Beeren durch die gleiche Menge Schokotropfen ersetzen.

GEMAHLENE MANDELN & HASELNÜSSE

Extrafaul und dabei naturbelassen und nährstoffreich | verleihen dem Gebäck ein mild-nussiges Aroma | mit gemahlenen Mandeln zergehen **Vanillesterne** (Seite 106) auf der Zunge und **Schoko-Mandel-Taler** (Seite 106) bleiben etwas knackiger | der Teig vom **Apfel-Mandel-Kuchen** (Seite 22) ist wunderbar soft und hat ein ganz tolles Mandelaroma | gemahlene Haselnüsse machen **Mohn-Orangen-Kekse** (Seite 107) mürbe und sie verhindern nicht, dass die **Haferplätzchen** (Seite 108) richtig crunchy werden | **Rotwein-Nuss-Kuchen** (Seite 19) und **Wein-Trauben-Flaugnardes** (Seite 126) sind dagegen luftig leicht | **Tipp:** gemahlene Haselnüsse und Mandeln kann man untereinander tauschen.

REINE FORMSACHE / 101

ZITRONEN-AUSSTECHERLE

Basic für bunte Plätzchenträume

FÜR CA. 30 STÜCK

200 g Mehl
2 EL Speisestärke
1 TL Backpulver
100 g Zucker (möglichst fein)
1 Pck. geriebene Zitronenschale
1 Prise Salz
100 g kalte Butter
1 Ei (M)
2 EL Zitronensaft
Mehl zum Arbeiten

ZUBEREITUNGSZEIT: 25 MIN.
+ 10 MIN. BACKEN (PRO BLECH)
PRO STÜCK: 65 KAL.

1 Den Backofen auf 180° vorheizen. Ein Backblech mit Backpapier auslegen. Mehl, Stärke, Backpulver, Zucker, Zitronenschale und Salz in einer Rührschüssel mischen. Butter in kleinen Flöckchen, Ei und Zitronensaft dazugeben. Alles mit den Händen zu einem glatten Teig kneten.

2 Den Teig auf der leicht bemehlten Arbeitsfläche 2–3 mm dick ausrollen. Mit beliebigen Formen Plätzchen ausstechen, auf das Blech legen und im Ofen (Mitte) in ca. 10 Min. goldbraun backen. Den restlichen Teig wieder ausrollen und genauso verarbeiten.

3 Fertige Plätzchen aus dem Ofen holen und auf einem Kuchengitter auskühlen lassen. Gut verschlossen aufbewahren.

TIPP:
Je simpler Plätzchenausstecher sind (z. B. einfache Formen wie Kreise oder Herzen), desto schneller geht das Ausstechen. Für runde Plätzchen kann man auch Gläser nehmen.

DEKO-TIPP:
Die Zitronen-Ausstecherle schmecken pur 1a. Besonders nett sehen sie zudem aus, wenn man sie noch verziert, z. B. mit Zitronenguss und Zitronenschale, farbigem Zuckerguss und kleinen bunten Zuckerperlen oder Kuvertüre und Kokosflocken.

SCHOKO-MACADAMIA-COOKIES

The American way of Keks

FÜR 16 STÜCK

- 150 g Mehl
- ½ TL Backpulver
- 1 Prise Salz
- 50 g gesalzene Macadamianüsse
- 100 g weiche Butter
- 150 g Zucker (möglichst fein)
- 2 Pck. Vanillezucker
- 1 Ei (M)
- 1 TL Zitronensaft
- 150 g Schokotropfen

ZUBEREITUNGSZEIT: 25 MIN.
+ 14 MIN. BACKEN (PRO BLECH)
PRO STÜCK: 200 KAL.

1 Den Backofen auf 200° vorheizen. Ein Backblech mit Backpapier auslegen. Mehl, Backpulver und Salz mischen. Die Macadamianüsse mit dem Messer grob hacken oder noch in der Packung mit einem Nudelholz grob zerdrücken.

2 Butter in einer Rührschüssel mit den Quirlen des Handrührgeräts glatt rühren. Den Zucker und Vanillezucker dazugeben und kurz weiterrühren, bis keine Zuckerkristalle mehr zu sehen sind. Das Ei unterrühren, dann Mehlmischung und den Zitronensaft auf niedriger Stufe unterrühren, bis ein glatter Teig entstanden ist. Schokotropfen und Macadamianüsse unter den Teig mischen.

3 Mit einem Löffel die Hälfte des Teiges mit ausreichend Abstand in 8 Häufchen aufs Blech setzen, nach Belieben rund formen. Im Ofen (Mitte) in 12–14 Min. goldbraun backen. Übrigen Teig auf einen zweiten Bogen Backpapier häufen und anschließend ebenfalls backen.

4 Die fertigen Cookies aus dem Ofen holen und auf einem Kuchengitter auskühlen lassen. Gut verschlossen aufbewahren.

AUCH GUT:
Die Macadamianüsse können durch jegliche anderen grob gehackte Nusssorten oder auch Mandeln ersetzt werden, die Schokotropfen durch beliebige Sorten gehackte Schokolade.

4 x SCHNELLE XMAS-PLÄTZCHEN ...

VANILLESTERNE

Für ca. 30 Stück

250 g **Mehl,** 100 g gemahlene **Mandeln,** 100 g **Puderzucker,** 3 Pck. **Vanillezucker** und 1 Prise **Salz** mischen. 200 g weiche **Butter** dazugeben und alles erst mit den Knethaken des Handrührgeräts, dann mit den Händen zu einem glatten Teig verkneten. In Frischhaltefolie wickeln und ca. 1 Std. kalt stellen. Backblech mit Backpapier auslegen. Teig auf der leicht bemehlten Arbeitsfläche 4–5 mm dick ausrollen und Sterne ausstechen, auf das Blech legen und im 180° heißen Backofen (Mitte) in 8–10 Min. goldbraun backen. Den übrigen Teig wieder ausrollen und genauso verarbeiten. Die Plätzchen noch heiß mit etwas **Vanillezucker** bestreuen. Auskühlen lassen.

SCHOKO-MANDEL-TALER

Für ca. 30 Stück

150 g **Mehl,** 100 g **Speisestärke,** 100 g gemahlene **Mandeln,** 1 TL **Backpulver** und 1 Prise **Salz** mischen. 200 g **Schokolade** (Vollmilch oder Zartbitter) grob zerbröckeln, mit 100 g **Butter** sanft schmelzen. 100 g **Zucker,** ein paar Spritzer **Bittermandelaroma** und 1 **Ei** (M) unterrühren. Mehlmischung mit einem Holzkochlöffel unterrühren, dann alles mit den Händen zu einem glatten Teig verkneten. Teig zu Rollen (6 7 cm Ø) formen, in 5 mm dicke Scheiben schneiden, auf Backpapier legen. 1 **Ei** (M) verquirlen, Plätzchen damit bestreichen, mit 100 g gesalzenen **Mandelhälften** und 100 g **Schokotropfen** belegen, leicht andrücken. Nacheinander aufs Blech ziehen und im 180° heißen Backofen (Mitte) 13–15 Min. backen. Auskühlen lassen.

...für alle, die auf selbst gemachte Weihnachtsbäckerei keinesfalls verzichten möchten – das aber ohne große Anstrengung ganz relaxed.

GEWÜRZSTANGEN

Für ca. 20 Stück

150 g **Mehl**, ½ TL **Backpulver**, ½ TL **Ingwerpulver**, 1 TL **Lebkuchengewürz** und 1 Prise **Salz** mischen. 100 g weiche **Butter**, 60 g feinsten **Zucker** und 1 EL **Honig** mit den Quirlen des Handrührgeräts cremig schlagen. Mehlmischung einrühren, dann alles mit den Händen zu einem glatten Teig verkneten. Den Teig zwischen zwei Bögen Backpapier 3–4 mm dick ausrollen und ca. 1 Std. kalt stellen. Oberes Papier entfernen, den Teig in 3 x 10 cm breite Streifen schneiden. Backpapier darauflegen, alles wenden und das obere Papier abziehen. Teigstreifen etwas auseinanderziehen, mit ein wenig **Hagelzucker** bestreuen, leicht andrücken. Im 180° heißen Backofen (Mitte) in 10–12 Min. goldbraun backen. Auskühlen lassen.

MOHN-ORANGEN-KEKSE

Für ca. 32 Stück

250 g **Mehl**, 100 g gemahlene **Haselnüsse**, 2 Pck. geriebene **Orangenschale**, 50 g **Zucker** und 1 Prise **Salz** mischen. 1 Pck. backfertige **Mohnmischung** (250 g), 100 g weiche **Butter** und 1 **Ei** (M) mit den Quirlen des Handrührgeräts cremig schlagen. Mehlmischung einrühren, dann alles kurz mit den Händen verkneten. Das Backblech mit Backpapier auslegen. Nach und nach etwas Teig abnehmen, zu Kugeln (ca. 3 cm Ø) formen, auf das Blech legen und im 200° heißen Backofen (Mitte) in 10–12 Min. goldbraun backen. Übrigen Teig genauso verarbeiten. Auskühlen lassen und nach Belieben noch mit **Zartbitterkuvertüre** verzieren.

HAFERPLÄTZCHEN

Klassiker mit Suchtpotential im XL-Format

FÜR 16 STÜCK

- 150 g Butter
- 150 g zarte Haferflocken
- 100 g Mehl
- 150 g Zucker
- 1 Pck. Vanillezucker
- 100 g gemahlene Haselnüsse
- 1 TL Backpulver
- 1 Prise Salz
- 1 Ei (M)
- 50 g Vollmilchkuvertüre

ZUBEREITUNGSZEIT: 25 MIN.
+ 15 MIN. BACKEN
PRO STÜCK: 230 KAL.

1 Den Backofen auf 200° vorheizen. Ein Backblech mit Backpapier auslegen. Die Butter in einem Topf bei geringer Hitze schmelzen lassen. Vom Herd nehmen, Haferflocken mit der Butter vermischen und 5 Min. einweichen.

2 Mehl, Zucker, Vanillezucker, Haselnüsse, Backpulver und Salz in einer Rührschüssel mischen. Das Ei und die Haferflockenmischung dazugeben und alles zu einem Teig verkneten.

3 Aus dem Teig 16 Kugeln formen und mit ausreichend Abstand auf das Blech setzen, Kugeln flach drücken (z. B. mit der flachen Unterseite eines Glases). Im Ofen (Mitte) in 13–15 Min. goldbraun backen. Die fertigen Haferplätzchen aus dem Ofen holen und auf einem Kuchengitter auskühlen lassen.

4 Die Kuvertüre fein hacken, in einen kleinen Topf geben und bei geringer Hitze ganz sanft schmelzen lassen, dabei immer wieder einmal umrühren. Die Kuvertüre in beliebigen Mustern von einem Löffel auf die Kekse laufen und fest werden lassen. Gut verschlossen aufbewahren.

AUCH GUT:
Kernige Hafer- oder Hirseflocken lassen sich auf diese Art ebenfalls sehr gut zu knackig-knusprigen Keksen verarbeiten.

ALFAJORES
Doppelkekse auf argentinische Art

1 Mehl, Stärke, Backpulver und Salz mischen. Butter in einer Rührschüssel mit den Quirlen des Handrührgeräts glatt rühren. Den Zucker und Vanillezucker dazugeben und kurz weiterrühren, bis keine Zuckerkristalle mehr zu sehen sind. Dann Eigelbe und Rum unterrühren.

2 Die Mehlmischung dazugeben und zunächst mit dem Handrührgerät unterrühren, dann alles mit den Händen zu einem glatten Teig kneten. Teig zu Rollen (ca. 4 cm Ø) formen, in Frischhaltefolie wickeln und mind. 1 Std. kalt stellen.

3 Dann den Backofen auf 180° vorheizen. Die Teigrollen in ca. 5 mm dicke Scheiben schneiden und auf Backpapier legen. Nacheinander auf ein Backblech ziehen und im Ofen (Mitte) 8–10 Min. backen (die Kekse sollten noch hell sein). Aus dem Ofen holen und auf einem Kuchengitter auskühlen lassen.

4 Die Hälfte der Plätzchen mit Milch-Karamell-Creme bestreichen und die übrigen Plätzchen vorsichtig daraufsetzen. Die Alfajores mit den Rändern im Haselnusskrokant rollen, sodass dieser an der Creme haften bleibt.

TIPP:
Bei den Original-Keksen wird für die Füllung »Dulce de Leche« verwendet, eine südamerikanische Milchkonfitüre. Wenn Sie diese im Handel finden – unbedingt ausprobieren! Die Plätzchen dann in Kokosraspeln rollen. Eine gute Alternative für die Milchkonfitüre ist der hier angegebene Milch-Karamell-Brotaufstrich, der aber nach Belieben durch jeden anderen Brotaufstrich ersetzt werden kann, nur schön süß muss er sein.

FÜR CA. 40 STÜCK

- 150 g Mehl
- 200 g Speisestärke
- ½ TL Backpulver
- 1 Prise Salz
- 150 g weiche Butter
- 100 g Zucker
- 1 Pck. Vanillezucker
- 2 Eigelb (M)
- 1 EL brauner Rum (ersatzweise 1 Spritzer Rumaroma)
- 300 g Milch-Karamell-Brotaufstrich (ersatzweise Nuss-Nougat-Creme)
- 50 g Haselnusskrokant

ZUBEREITUNGSZEIT: 35 MIN.
+ 1 STD. KÜHLEN
+ 10 MIN. BACKEN (PRO BLECH)
PRO STÜCK: 120 KAL.

CANTUCCINI MIT NÜSSEN

Toskanisches Knuspergebäck zum Süßwein

FÜR CA. 60 STÜCK

- 300 g Mehl
- 180 g Zucker
- 3 Pck. Vanillezucker
- 2 TL Backpulver
- 1 Prise Salz
- 3 Eier (M)
- 5 Spritzer Bittermandelaroma
- 150 g gemischte Nüsse (z. B. Haselnüsse, Walnüsse, Macadamianüsse)
- Mehl zum Arbeiten

ZUBEREITUNGSZEIT: 25 MIN.
+ 40 MIN. BACKEN
PRO STÜCK: 50 KAL.

1 Den Backofen auf 200° vorheizen. Ein Backblech mit Backpapier auslegen. Mehl, Zucker, Vanillezucker, Backpulver und Salz in einer Rührschüssel mischen. Eier, Bittermandelaroma und die Nussmischung dazugeben und alles mit den Händen zu einem leicht klebrigen Teig kneten.

2 Aus dem Teig mit leicht bemehlten Händen Rollen (je ca. 3 cm Ø) formen und auf das Blech legen. Im Ofen (Mitte) 25–30 Min. backen.

3 Das Blech aus dem Ofen holen und die Temperatur auf 140° herunterschalten. Die Rollen in knapp 2 cm dicke Scheiben schneiden. Diese mit einer Schnittfläche nach unten aufs Blech legen und ca. 10 Min. backen.

4 Die fertigen Cantuccini aus dem Ofen holen und auf einem Kuchengitter auskühlen lassen. Gut verschlossen aufbewahren.

AUCH GUT:
Fans der klassischen Version ersetzen die Nüsse einfach durch die gleiche Menge blanchierte Mandelkerne. Wer es etwas weniger süß mag, verwendet nur 150 g Zucker.

Nuss-Schnittlauch-Plätzchen

Plätzchen mal anders – als herzhafter Snack!

Für 20 Stück

- 150 g Walnusskerne
- 250 g Mehl
- ½ TL Backpulver
- 2 TL Zucker
- 1 TL Salz
- 1 TL Pfeffer
- 125 g weiche Butter
- 100 g Magerquark
- 2 TL scharfer Senf
- 1 Pck. TK-Schnittlauch
- 1 Knoblauchzehe

Zubereitungszeit: 20 Min.
+ 20 Min. Backen
Pro Stück: 155 Kal.

1 Den Backofen auf 200° vorheizen. Ein Backblech mit Backpapier auslegen. 20 Walnusshälften beiseitelegen, die restlichen Walnüsse mit den Händen in grobe Stücke brechen.

2 Mehl, Backpulver, Zucker, Salz und Pfeffer in einer Rührschüssel mischen. Butter, Quark, Senf, Schnittlauch und Walnüsse dazugeben. Knoblauch schälen und dazupressen. Alles zunächst mit den Knethaken des Handgeräts verrühren, dann kurz mit den Händen zu einem glatten Teig verkneten.

3 Aus dem Teig 20 Kugeln formen, aufs Blech legen und je 1 Walnusshälfte hineindrücken. Im Ofen (Mitte) in ca. 20 Min. goldbraun backen, dabei die Plätzchen nach der Hälfte der Backzeit mit einem Pfannenwender oder einer Palette etwas flacher drücken.

4 Die fertigen Plätzchen aus dem Ofen holen und auf einem Kuchengitter auskühlen lassen. Gut verschlossen aufbewahren.

Auch gut:
Senf, Schnittlauch, Walnüsse und Knoblauch durch 100 g fein gehackten Räucherlachs, 2 TL Wasabipulver und 2 EL Zitronensaft ersetzen.

EINFACH ÜBERRASCHEND

Surprise, Surprise – Backen mal anders…

DIE SCHNELLEN 4 FÜR BACKSTUBEN-ÜBERRASCHUNGEN

SCHOKOLADE

Lässt die Herzen aller Schokoholics höher schlagen | wird klassischerweise im heißen Wasserbad geschmolzen | Faule schmelzen sie bei geringer Hitze im Topf oder in der Mikrowelle bei niedrigster Stufe | kann auch durch Kuvertüre oder preisgünstige Blockschokolade ersetzt werden | macht den Teig von **Schokokuchen ohne Mehl** (Seite 120) und **Pekannuss-Brownies** (Seite 28) unwiderstehlich saftig | jeder Bissen vom **Weißem-Schoko-Käsekuchen** (Seite 42) wird zu einem echten Erlebnis | toppt als Creme **Schwarzwälder-Kirsch-Törtchen** (Seite 125) und pur **Haferplätzchen** (Seite 108) | **Tipp:** nicht gegessene Nikoläuse und Osterhasen verbacken.

KEKSE

Fix fein zerbröselt ersetzen sie so manche Kuchenteige | in einen Gefrierbeutel füllen und mit dem Nudelholz darüberrollen oder mit dem Blitzhacker zerkleinern | die unterschiedlichen Sorten können nach Gusto ausgetauscht werden | Cantuccini geben einen wunderbaren Bröselboden für **Mango-Joghurt-Törtchen** ab und Löffelbiskuits für **Mokkamisu-Törtchen** (beide Seite 124) | feine Schokoladen-Cookies sind eine echt geniale Unterlage für **Schwarzwälder-Kirsch-Törtchen** (Seite 125) | Doppelkekse (z. B. Prinzenrolle, Oreo) machen den Schokogenuss beim **Weißen-Schoko-Käsekuchen** (Seite 42) perfekt.

GELATINE

Keine Angst vor Blattgelatine, sie lässt sich ganz einfach verarbeiten | Blätter ca. 5 Min. in etwas kaltem Wasser einweichen, dann leicht ausdrücken und je nach Rezept mit wenig Flüssigkeit so lange unter Rühren erwärmen, bis sie sich aufgelöst hat | dann in eine Creme einrühren ... und etwas Geduld mitbringen | die vegetarische Alternative ist Agar-Agar, dessen Zubereitung weicht vom Gelatineprinzip ab – Packungsanweisung beachten | gibt Cremes bei **Törtchen** ohne Backen (Seite 124–125) den rechten Halt | **Tipp:** für **Weißen-Schoko-Käsekuchen** ohne Backen (Seite 42) Boden und Creme vorbereiten, aber Eier weglassen. 6 Blatt weiße Gelatine in kaltem Wasser 5 Min. einweichen, ausdrücken, in 80 ml warmer Milch auflösen, unter die Creme rühren. Auf dem Teig verteilen, glatt streichen und zugedeckt über Nacht kalt stellen.

FRISCHKÄSE & MASCARPONE

Blitzschnell zu süßen Cremes verrührt | Frischkäse ist kalorienärmer | wer es sehr cremig mag, ersetzt ihn durch Mascarpone | Doppelrahm-Frischkäse ist ein absolutes Muss im **Weißem-Schoko-Käsekuchen** (Seite 42) und im **Käsekuchen ohne Boden** (Seite 122) | auch **Törtchen** ohne Backen (Seite 124–125) und **Cupcakes** (Seite 32) lieben luftig-leichte Cremes aus Frischkäse und Mascarpone | der fettreiche Mascarpone kann in saftigen Teigen Butter ersetzen, wie im **Apfel-Mandel-Kuchen** (Seite 22) oder bei den **Pekannuss-Brownies** (Seite 28) | Ziegenfrischkäse lässt sich super zu extravaganten Streuseln für **Aprikosenkuchen** (Seite 24) verarbeiten.

EINFACH ÜBERRASCHEND

SCHOKOKUCHEN OHNE MEHL

Ganz einfach unwiderstehlich

FÜR 1 SPRINGFORM (12 STÜCK)

- 100 g Kakaopulver
- 150 g Zucker
- 3 Pck. Vanillezucker
- 2 EL gemahlene Mandeln
- 2 TL Backpulver
- 1 Prise Salz
- 200 g Butter
- 200 g Zartbitterschokolade
- 4 Eier (M)
- Butter und Mehl für die Form
- Puderzucker zum Bestäuben

ZUBEREITUNGSZEIT: 15 MIN.
+ 35 MIN. BACKEN
PRO STÜCK: 350 KAL.

1 Den Backofen auf 160° vorheizen. In den Boden der Springform Backpapier einspannen, Formrand einfetten und mit Mehl ausstreuen. Kakao, Zucker, Vanillezucker, Mandeln, Backpulver und Salz mischen.

2 Die Butter und Schokolade in einem Topf bei geringer Hitze unter Rühren sanft schmelzen lassen. Zuerst die Eier, dann die Kakao-Zucker-Mischung mit einem Holzkochlöffel unterrühren.

3 Die Schokomasse in die Form füllen und glatt streichen. Im Ofen (Mitte) ca. 35 Min. backen.

4 Den fertigen Schokokuchen aus dem Ofen holen und 5 Min. in der Form ruhen lassen. Dann den Formrand lösen und den Kuchen auf einem Kuchengitter auskühlen lassen. Fein mit Puderzucker bestäuben.

AUCH GUT:
Ingwer und Schokolade sind eine perfekte Kombi – auch in diesem Kuchen! Für einen Schoko-Ingwer-Kuchen 2–3 TL Ingwerpulver unter die Kakao-Zucker-Mischung rühren.

KÄSEKUCHEN OHNE BODEN

Gut gekühlt perfekt für heiße Tage

FÜR 1 SPRINGFORM (12 STÜCK)

- 250 g Sahnequark
- 600 g Doppelrahm-Frischkäse
- 200 g Schmand
- 4 Eier (M)
- 200 g Zucker
- 3 Pck. Vanillezucker
- 2 Pck. geriebene Zitronenschale
- 2 EL Zitronensaft
- 3 EL Speisestärke
- Butter und Mehl für die Form

ZUBEREITUNGSZEIT: 20 MIN.
+ 1 STD. 25 MIN. BACKEN
+ KÜHLEN ÜBER NACHT
PRO STÜCK: 515 KAL.

1 In den Boden der Springform Backpapier einspannen, Formrand einfetten und mit Mehl ausstreuen.

2 Alle Zutaten in eine Rührschüssel geben und mit den Quirlen des Handrührgeräts verrühren, bis keine Zuckerkristalle mehr zu sehen sind. Käsemasse in die Form füllen, glatt streichen.

3 Die Form in den kalten Backofen (Mitte) schieben, die Ofentemperatur auf 160° stellen. Den Kuchen ca. 1 Std. 10 Min. backen. Dann den Ofen ausschalten und den Kuchen noch 15 Min. nachbacken lassen.

4 Fertigen Käsekuchen aus dem Ofen holen und auf einem Kuchengitter auskühlen lassen. Dann den Kuchen aus der Form lösen und am besten über Nacht zugedeckt kalt stellen.

DAZU PASST:

Den Käsekuchen mit einer fruchtigen Sauce servieren. Dafür 300 g TK-Himbeeren, 150 g Zucker, 2 EL Speisestärke, 2 Pck. Vanillezucker und 70 ml Balsamico bianco in einem kleinen Topf verrühren. Langsam erhitzen und unter Rühren 1–2 Min. köcheln, dann auskühlen lassen. Durch ein Sieb streichen und ebenfalls über Nacht kalt stellen.

4 x SCHNELLE TÖRTCHEN ...

MANGO-JOGHURT-TÖRTCHEN

Für 8 Gläser (je 150 ml)

75 g fein zerbröselte **Cantuccini** in die Gläser füllen. 200 g **Sahnejoghurt,** 100 ml gelben **Smoothie** (Kühlregal), 70 g **Zucker** und 2 EL **Zitronensaft** verrühren. 1 Pck. **Sofort-Gelatine** (vorher 3 TL abnehmen) dazugeben und mit den Quirlen des Handrührgeräts gut unterrühren, 200 g **Sahne** steif schlagen und unterheben. 250 g **Mango** (Dose) klein würfeln, die Hälfte auf den Bröseln verteilen, die Creme darüberschichten. 150 ml gelben **Smoothie** (Kühlregal), 1 EL **Zucker** und restliche **Gelatine** glatt rühren. Die übrige **Mango** auf die Creme geben, den Smoothie darüber verteilen.

MOKKAMISU-TÖRTCHEN

Für 8 Gläser (je 150 ml)

4 Blatt weiße **Gelatine** 5 Min. in kaltem Wasser einweichen. 150 g fein zerbröselte **Löffelbiskuits** in die Gläser füllen. 500 g **Mascarpone**, 100 g **Zucker** und 2 Pck. **Vanillezucker** verrühren. In einem Topf 100 ml **Mokkalikör** mit 4 TL löslichem **Kaffee** erwärmen, bis sich der Kaffee gelöst hat. Gelatine ausdrücken, zum Likör geben und darin auflösen. Die Mischung zur Mascarponecreme gießen und gut unterrühren, auf den Bröseln verteilen. Vorm Servieren mit **Kakaopulver** bestäuben und mit **Schoko-Mokkabohnen** garnieren.

... ganz ohne Backen: Fertiges Gebäck wird zerkleinert (z. B. Kekse im Gefrierbeutel mit einem Nudelholz zerbröseln) und in Gläser gefüllt. Darauf kommen dann noch Cremes & Co. ... und nach 4 Std. im Kühlschrank stehen perfekte Desserttörtchen zum Löffeln auf dem Tisch.

PROSECCO-TÖRTCHEN MIT BEEREN

Für 4 gerade Gläser (je 300 ml, 8 cm Ø)

4 Blatt weiße **Gelatine** 5 Min. in kaltem Wasser einweichen. Aus 2 **Wiener Böden** (Kuchenregal) 12 Kreise (8 cm Ø) ausstechen (Rest anderweitig verwenden). 200 g **Doppelrahm-Frischkäse,** 250 g **Magerquark** und 100 g **Zucker** verrühren. 120 ml **Prosecco** abmessen, ein Viertel davon mit 1 EL **Zitronensaft** in einem Topf erwärmen. Die Gelatine ausdrücken, zum warmen Prosecco geben und darin auflösen. Die Mischung mit dem übrigem Prosecco zur Quarkcreme gießen und gut unterrühren. Abwechselnd Böden und Creme in die Gläser einschichten, dabei mit der Creme abschließen. Vor dem Servieren mit **Beeren** belegen (z. B. Heidelbeeren, Brombeeren, Himbeeren, Johannisbeeren) und mit **Puderzucker** bestäuben.

SCHWARZWÄLDER-KIRSCH-TÖRTCHEN

Für 8 Gläser (je 150 ml)

2 Blatt weiße **Gelatine** 5 Min. in kaltem Wasser einweichen. 150 g fein zerbröselte **Schokoladen-Cookies** in die Gläser füllen und darauf ganz vorsichtig 400 g **Kirschgrütze** (Kühlregal) verteilen. 200 g **Doppelrahm-Frischkäse** und 40 g **Zucker** verrühren. 100 g **Sahne** in einem Topf erwärmen. Gelatine ausdrücken, zur Sahne geben und darin auflösen. Die Mischung zum Frischkäse gießen und gut unterrühren, Creme auf der Grütze verteilen. In einem Topf 100 g **Sahne** und 200 g **Vollmilchschokolade** unter Rühren sanft erhitzen, bis die Schokolade geschmolzen ist. Die Schokomasse auf die Frischkäsecreme gießen. Nach Belieben mit **Schokospänen** oder **-raspeln** dekorieren.

EINFACH ÜBERRASCHEND

WEIN-TRAUBEN-FLAUGNARDES
Süßer Auflauf mit Elsässer Note

FÜR 4 AUFLAUFFORMEN (JE 14 CM Ø)

- 800 g kernlose Weintrauben
- 6 Eier (M)
- 200 g Sahne
- 150 ml halbtrockener Weißwein (z. B. Gewürztraminer oder Riesling Spätlese)
- 100 g Zucker
- 70 g Mehl
- 50 g gemahlene Haselnüsse
- 1 Msp. Zimtpulver
- 1 Pck. Vanillezucker
- Puderzucker zum Bestäuben
- Butter für die Formen

ZUBEREITUNGSZEIT: 15 MIN. + 45 MIN. BACKEN
PRO STÜCK: 585 KAL.

1 Den Backofen auf 180° vorheizen, Formen einfetten. Die Weintrauben waschen, von den Stielen zupfen und in die Formen geben.

2 Übrige Zutaten (bis auf den Puderzucker) in eine Rührschüssel geben und mit den Quirlen des Handrührgeräts gründlich verrühren. Den Teig über die Trauben gießen. Im Ofen (Mitte) in ca. 45 Min. goldbraun backen.

3 Fertige Flaugnardes aus dem Ofen nehmen und nur kurz abkühlen lassen. Dann mit dem Puderzucker bestäuben und sofort servieren.

AUCH GUT:
Flaugnardes schmecken nicht nur mit blauen oder grünen Weintrauben. Einfach mal mit Heidelbeeren oder klein geschnittenen Äpfeln, Birnen oder Pflaumen probieren.

TIPP:
Wer keine kleinen Auflaufformen hat, füllt stattdessen die Früchte und den Teig in eine große Form (28 cm Ø).

POLENTA-PIZZA

Mit blitzschnellem Softteig auf Maisbasis

FÜR 2 STÜCK

600 ml Gemüsebrühe
2 Knoblauchzehen
Salz
200 g Instant-Polenta
100 g geriebener Emmentaler
2 Kugeln Mozzarella (je 125 g)
100 g braune Champignons
100 g getrocknete Tomaten (in Öl)
4 EL Pesto alla genovese (aus dem Glas)
Pfeffer
1 Handvoll Basilikumblättchen
Aceto balsamico (nach Belieben)

ZUBEREITUNGSZEIT: 25 MIN.
+ 20 MIN. BACKEN (PRO BLECH)
PRO STÜCK: 1170 KAL.

1 Die Brühe erhitzen, den Knoblauch schälen und dazupressen, mit Salz kräftig abschmecken. Die Polenta einrühren und kurz köcheln lassen, bis die Masse angedickt ist. Dann den Emmentaler dazugeben und weiterrühren, bis der Käse geschmolzen ist. Vom Herd nehmen.

2 Ein Backblech in den Ofen (Mitte) schieben und den Backofen auf 220° vorheizen. Polenta auf zwei Bögen Backpapier verteilen und jeweils mit angefeuchteten Händen (Vorsicht: Heiß!) zu einem runden Pizzaboden (ca. 28 cm Ø) formen.

3 Mozzarella abtropfen lassen und in dünne Scheiben schneiden. Die Champignons putzen und ebenfalls in dünne Scheiben schneiden. Die Tomaten abtropfen lassen und in nicht zu dünne Streifen schneiden.

4 Die Polentaböden dünn mit Pesto bestreichen, mit Mozzarella belegen und mit Pfeffer würzen. Die Tomaten und Champignons darauf verteilen.

5 Samt Backpapier 1 Pizza auf das Backblech ziehen und im Ofen (Mitte) 15–20 Min. backen. Fertige Pizza aus dem Ofen holen, vierteln, mit Basilikum bestreuen und nach Belieben mit Balsamico beträufeln. Sofort servieren. Inzwischen die zweite Pizza backen.

HERZHAFTE KÄSE-NUSS-ECKEN

Deftige Überraschung für Party und Büfett

FÜR 1 BLECH (40 STÜCK)

- 300 g Mehl
- 1 EL Zucker
- Salz
- 150 g Butter (nicht zu kalt)
- 2 Zwiebeln
- 300 g Haselnuss- oder Mandelblättchen
- 200 g Schinkenwürfel
- 200 g geriebener Emmentaler
- 200 g Sahne
- 3 EL Balsamico bianco
- 2 EL getrockneter Thymian
- 1 EL Honig
- Pfeffer

ZUBEREITUNGSZEIT: 25 MIN.
+ 30 MIN. BACKEN
PRO STÜCK: 150 KAL.

1 Den Backofen auf 180° vorheizen. Das Mehl mit Zucker und 1 TL Salz auf die Arbeitsfläche häufen. Die Butter klein würfeln und dazugeben. In der Mitte eine Mulde formen und 6 EL Wasser hineingeben. Alles mit den Händen rasch zu einem glatten Teig verkneten.

2 Die Zwiebeln schälen und klein würfeln. Mit Haselnuss- oder Mandelblättchen, Schinkenwürfeln, Emmentaler, Sahne, Balsamico, dem Thymian und Honig vermischen. Mit Salz und Pfeffer würzen, leicht verkneten.

3 Den Teig zwischen zwei Bögen Backpapier auf Blechgröße ausrollen, aufs Blech legen und das obere Papier abziehen. Die Käse-Nuss-Mischung auf dem Teig verteilen, leicht andrücken. Im Ofen (Mitte) in ca. 30 Min. goldbraun backen.

4 Das fertige Gebäck aus dem Ofen holen und auf einem Kuchengitter auskühlen lassen, dann in große Dreiecke schneiden.

PANNEN VERMEIDEN

WIE VERHINDERE ICH, DASS ...

... Eierschalen im Gebäck landen? Die Eier immer in eine Tasse oder in ein Schälchen aufschlagen. Schalenstückchen mit einem Löffel herausfischen, dann die Eier wie im Rezept beschrieben verwenden.

... Butter oder Schokolade beim Schmelzen anbrennen? Beides in einem Topf immer nur bei ganz geringer Hitze schmelzen, Schokolade dabei ständig umrühren. In der Mikrowelle stets nur Auftaustufe verwenden. Klassische Variante: Schokolade im heißen Wasserbad schmelzen.

... Rührteig so sehr aufgeht, dass er beim Backen aus der Form läuft? Kasten-, Spring- oder Muffinblech nur zu etwa zwei Dritteln mit Teig befüllen.

... sich Gebäck nach dem Backen nicht aus der Form löst? Alle Metallformen vorm Befüllen gründlich mit Butter oder Öl einfetten und mit Mehl oder Grieß, bei süßem Gebäck auch mit Biskuitbröseln oder Zucker ausstreuen. Formen kopfüber halten und überschüssiges »Streugut« abklopfen. Das Backblech beim Backen bis 220° mit Backpapier auslegen, sonst einfetten und mit etwas Mehl oder Grieß einstreuen.

... Kuchen in der Mitte noch nicht gar ist? Einen Metall- oder Holzspieß in die Mitte des Kuchens stechen. Kommt dieser ganz sauber wieder heraus, ist der Teig gar. Wenn nicht, den Kuchen einfach noch ein paar Minuten backen (gegebenenfalls mit Alufolie abdecken) und die Garprobe wiederholen.

… Hefeteig nicht aufgeht? Hefe liebt einen Temperaturbereich zwischen 20° und 37°. Darum sollten alle Backzutaten zimmerwarm sein, die Hefe vorm Verkneten in handwarmer Flüssigkeit aufgelöst werden, um sie zu aktivieren. Hefe »ernährt« sich von Zucker, auch deftigen Teigen schadet 1 TL davon nicht. Damit der Hefeteig dann auch schön luftig aufgeht, muss er zunächst gründlich geknetet werden, 5–10 Min. dürfen es schon sein. Anschließend ruhen und gehen lassen, am besten zugedeckt in einer Schüssel bei konstanter Temperatur zwischen 25° und 30° (z.B. im kurz erwärmten, ausgeschalteten Ofen). Bei Zimmertemperatur braucht er etwas länger, erreicht aber in der Regel auch sein Ziel. Nicht sklavisch an vorgegebene Zeiten halten, sondern lieber an die Volumenangaben.

… Sahne nicht steif wird? Sahne direkt aus dem Kühlschrank verwenden, eventuell vor dem Schlagen noch 5 Min. ins Tiefkühlfach stellen. Ist es in der Küche sehr warm (z.B. im Sommer) auch Schüssel und Quirle des Handrührgeräts kurz kalt stellen. Sahne mit dem Handrührgerät rühren, bis sie steif ist, dabei die Geschwindigkeit nach und nach steigern. Dann auf keinen Fall mehr weiterrühren, ansonsten bilden sich kleine Buttertröpfchen. Fauler Tipp: Vor dem Schlagen 1 Pck. Sahnesteif dazugeben.

… Gebäck verschimmelt oder ungenießbar wird? Kuchen mit frischen Früchten am besten sofort essen, zugedeckt im Kühlschrank halten sie sich aber ca. 2 Tage. Alle Plätzchen sind in Metalldosen am besten aufgehoben, Brote in Brotkästen, -töpfen oder -säcken.

PANNENHILFE

WAS MACHE ICH, WENN ...

... der Teig zu fest ist und sich überhaupt nicht ausrollen lässt? Ließ sich der Teig vor dem Kühlen gut kneten und zur Kugel formen, ist er durch lange Lagerung im Kühlschrank nur sehr hart geworden – vor dem Ausrollen mit den Händen etwas kneten, bis er formbar ist. Fauler Tipp für Kuchenböden: Harten Teig einfach in dünne Scheiben schneiden, in der Form zu einem Boden zusammenfügen, dabei die Nähte gut zusammendrücken.

... Streuselteig nicht bröselig genug ist? Noch etwas Mehl, Zucker oder Haferflocken dazugeben und mit dem Holzkochlöffel rühren und zerteilen, bis schöne Streusel entstanden sind. Oder: Teig kalt stellen und – sobald er fest geworden ist – bröselig zerteilen.

... Mürbeteig zu bröselig ist und sich nicht zu einem glatten Teig formen lässt? Einfach beim Kneten 1–2 EL kaltes Wasser hinzufügen, bis ein geschmeidiger Teig entstanden ist.

... der Teig zu klebrig ist? Noch etwas Mehl unterrühren oder -kneten. Wird eine größere Menge Mehl dazugegeben, kann es bei süßem Gebäck nicht schaden, auch noch etwas Zucker zu ergänzen. Beim Ausrollen reichlich Mehl verwenden, bei süßem Gebäck auch Puderzucker. Leicht klebrige Teige lassen sich sehr gut zwischen zwei Bögen Backpapier oder zwei Lagen Frischhaltefolie ausrollen.

... Butter zu fest zum Rühren ist? Sehr kalte Butter rechtzeitig – das heißt 1–2 Std. vor der Verwendung – aus dem Kühlschrank nehmen und auspacken! Als Test einmal mit dem Finger hineindrücken. Geht das leicht und ohne Widerstand, lässt sich die Butter auch gut mit Zucker und Eiern glatt verrühren. Wenn das nicht funktioniert, ist sie zu fest. Dann die Butter in kleine Stücke schneiden und ca. 15 Min. bei Zimmertemperatur stehen lassen oder – ganz faul – in der Mikrowelle 20–30 Sek. auf Auftaustufe erwärmen.

... der Hefeteig nicht aufgeht? Noch einmal gründlich durchkneten und zugedeckt weiter gehen lassen – notfalls über Nacht –, bis das gewünschte Volumen erreicht ist.

... Gebäck vor Ende der Backzeit schon sehr dunkel ist? Mit einem Stück Alufolie abdecken, es reicht, die Folie locker aufzulegen. Dann »gart« das Gebäck fertig, ohne zu verbrennen. Beim nächsten Backen die Ofentemperatur um 10° reduzieren. Wenn Kuchen zu stark gebräunt ist, vom abgekühlten Gebäck die verbrannte Schicht abschneiden, Krümel abklopfen und den Kuchen mit Kuvertüre oder Zuckerguss überziehen.

... sich Gelatine nicht auflöst? Eingeweichte Gelatineblätter mit etwas Flüssigkeit in einem Topf so lange vorsichtig erwärmen, bis sie sich aufgelöst haben. Dann unter die nicht zu kalte Creme rühren. Ist die Creme sehr kalt, etwas Creme unter die aufgelöste Gelatine rühren und diese Mischung unter die restliche Creme rühren.

... sich Gebäck nicht aus der Form löst? Bei Springformen Gebäck kurz abkühlen lassen, dann mit einem Messer um den Gebäckrand herumschneiden. Den Rand der Form lösen, abnehmen. Bei Kastenformen die leicht abgekühlte Form umdrehen und mit einem nassen Küchentuch abdecken. Einige Minuten warten und dann das Gebäck mit etwas Klopfen aus der Form lösen. Klappt das nicht, mit einem Messer rund um den Kuchen schneiden und erneut versuchen.

... Sahne nicht steif wird? Sind noch keine kleinen Fetttröpfchen zu erkennen, einfach erneut kalt stellen. Hat sich bereits Fett abgesetzt, ist sie nicht mehr als Schlagsahne verwendbar. Tipp: in Cremesuppen rühren!

... Zuckerguss zu flüssig oder zu fest ist? Bei zu flüssigem Guss löffelweise Puderzucker unterrühren, bei sehr zähem Zuckerguss tropfenweise Flüssigkeit (z. B. Wasser oder Zitronensaft) – bis die Konsistenz stimmt.

MHHH, WAR DAS GENIAL ...

... ABER EIN STÜCKCHEN GEHT NOCH, ODER?

REGISTER VON A–Z

A
Alfajores 110
Amarettini: Aprikosenkuchen mit Streuseln 24
Antipastikuchen 36
Äpfel 61
   Apfel-Mandel-Kuchen 22
   Apfel-Nougat-Crumble 50
   Sauerkrautkuchen 65
   Tarte Tatin 82
Apfelmus: Streuselkuchen 65
Aprikosen
   Aprikosen-Cobbler 51
   Aprikosenkuchen mit Streuseln 24
Aprikosenkonfitüre 14
   Apfel-Mandel-Kuchen 22
   Aprikosenkuchen mit Streuseln 24

B
Bananen
   Bananentaschen 88
   Mohn-Bananen-Kuchen 19
Beeren 15
   Beeren-Nuss-Crumble 50
   Cupcakes mit Holundersahne 33
   Heidelbeermuffins 30
   Prosecco-Törtchen mit Beeren 125
Blätterteig 78
   Ingwer-Schweineöhrchen 86
   Kirsch-Knusperschnitten 84
   Pflaumentartes 80
   Tarte Tatin 82
Brownies: Pekannuss-Brownies 28
Buchteln: Pralinenbuchteln 68
Butterkuchen 64

C
Cantuccini
   Cantuccini mit Nüssen 112
   Mango-Joghurt-Törtchen 124
Champignons
   Flammkuchen mit Champignons und Radicchio 95
   Polenta-Pizza 128
Cobbler
   Aprikosen-Cobbler 51
   Tomaten-Cobbler 51
Cookies
   Schoko-Macadamia-Cookies 104
   Schwarzwälder-Kirsch-Törtchen 125

Cranberry-Kokos-Kuchen 18
Crumble
   Apfel-Nougat-Crumble 50
   Beeren-Nuss-Crumble 50
   Cupcakes mit Blitz-Topping 32
   Cupcakes mit Holundersahne 33
   Cupcakes mit Mokka-Kuss 33
   Cupcakes mit Schoko-Topping 32

F
Feta-Kartoffel-Quiche 52
Filoteig 78
   Garnelenküchlein 92
   Gemüse-Tofu-Strudel 90
Flammkuchen klassisch mit Speck und Zwiebeln 94
Flammkuchen mit Champignons und Radicchio 95
Flammkuchen mit Himbeeren und Marzipan 95
Flammkuchen mit Tomaten und Zucchini 94
Flaugnardes: Wein-Trauben-Flaugnardes 126
Focaccia: Mini-Focaccia 74
Frischkäse 119
   Aprikosenkuchen mit Streuseln 24
   Käse-Tomaten-Taschen 89
   Käsekuchen ohne Boden 122
   Piadina 54
   Prosecco-Törtchen mit Beeren 125
   Schwarzwälder-Kirsch-Törtchen 125
   Weißer-Schoko-Käsekuchen 42

G
Garnelenküchlein 92
Gelatine 119
   Mango-Joghurt-Törtchen 124
   Mokkamisu-Törtchen 124
   Prosecco-Törtchen mit Beeren 125
   Schwarzwälder-Kirsch-Törtchen 125
Gemüse-Tofu-Strudel 90
Gewürzstangen 107

H
Hackfleisch-Lauch-Pide 96
Haferflocken
   Apfel-Nougat-Crumble 50
   Haferplätzchen 108

Haselnüsse 100, 101
   Cantuccini mit Nüssen 112
   Haferplätzchen 108
   Herzhafte Käse-Nuss-Ecken 130
   Mohn-Orangen-Kekse 107
   Nuss-Nougat-Kuchen 44
   Nusstaschen 88
   Rotwein-Nuss-Kuchen 19
   Wein-Trauben-Flaugnardes 126
Hefe 60
   Butterkuchen 64
   Hefezopf 62
   Herzhafter Rosenkuchen 72
   Kokosschnecken 66
   Mini-Focaccia 74
   Pralinenbuchteln 68
   Sauerkrautkuchen 65
   Sonnenblumenbrot ohne Kneten 70
   Streuselkuchen 65
   Zwetschgendatschi 64
Heidelbeermuffins 30
Herzhafte Käse-Nuss-Ecken 130
Herzhafte Partymuffins 34
Herzhafter Rosenkuchen 72
Himbeeren
   Beeren-Nuss-Crumble 50
   Flammkuchen mit Himbeeren und Marzipan 95
Holunderblütensirup 40
   Cupcakes mit Holundersahne 33
   Pfirsich-Holunder-Galette 48

I
Ingwer-Schweineöhrchen 86

J
Joghurt
   Cupcakes mit Blitz-Topping 32
   Cupcakes mit Holundersahne 33
   Cupcakes mit Mokka-Kuss 33
   Cupcakes mit Schoko-Topping 32
   Mango-Joghurt-Törtchen 124
   Sonnenblumenbrot ohne Kneten 70

K
Kaffeepulver
   Cupcakes mit Mokka-Kuss 33
   Mokkamisu-Törtchen 124
Kakaopulver
   Cupcakes mit Schoko-Topping 32
   Marmorkuchen im Glas 20
   Pekannuss-Brownies 28

Rotwein-Nuss-Kuchen 19
Schokokuchen ohne Mehl 120
Weißer-Schoko-Käsekuchen 42
Kartoffeln: Feta-Kartoffel-Quiche 52
Käse
   Antipastikuchen 36
   Feta-Kartoffel-Quiche 52
   Herzhafte Käse-Nuss-Ecken 130
   Herzhafte Partymuffins 34
   Herzhafter Rosenkuchen 72
   Käse-Tomaten-Taschen 89
   Lachs-Mozzarella-Toreletts 56
   Piadina 54
   Polenta-Pizza 128
   Tomaten-Cobbler 51
   Wurströllchen 89
Käsekuchen ohne Boden 122
Kekse 118
   Alfajores 110
   Cantuccini mit Nüssen 112
   Gewürzstangen 107
   Haferplätzchen 108
   Mango-Joghurt-Törtchen 124
   Mohn-Orangen-Kekse 107
   Mokkamisu-Törtchen 124
   Schoko-Macadamia-Cookies 104
   Schoko-Mandel-Taler 106
   Schwarzwälder-Kirsch-Törtchen 125
   Vanillesterne 106
   Weißer-Schoko-Käsekuchen 42
   Zitronen-Ausstecherle 102
Kichererbsen: Gemüse-Tofu-Strudel 90
Kirsch-Knusperschnitten 84
Kirschgrütze 14
   Kirsch-Knusperschnitten 84
   Mohn-Kirsch-Kuchen 26
   Schwarzwälder-Kirsch-Törtchen 125
Kokosraspel
   Aprikosen-Cobbler 51
   Cranberry-Kokos-Kuchen 18
   Kokosschnecken 66

L

Lachs-Mozzarella-Toreletts 56
Lauch: Hackfleisch-Lauch-Pide 96
Löffelbiskuits: Mokkamisu-Törtchen 124

M

Macadamianüsse
   Beeren-Nuss-Crumble 50
   Cantuccini mit Nüssen 112
   Schoko-Macadamia-Cookies 104
Mais: Herzhafte Partymuffins 34
Mandeln 100, 101
   Apfel-Mandel-Kuchen 22
   Bananentaschen 88

Butterkuchen 64
Flammkuchen mit Himbeeren und Marzipan 95
Herzhafte Käse-Nuss-Ecken 130
Nuss-Nougat-Kuchen 44
Nusstaschen 88
Schoko-Mandel-Taler 106
Schokokuchen ohne Mehl 120
Vanillesterne 106
Marmorkuchen im Glas 20
Marzipan 79
   Flammkuchen mit Himbeeren und Marzipan 95
Mascarpone 119
   Apfel-Mandel-Kuchen 22
   Cupcakes mit Schoko-Topping 32
   Mokkamisu-Törtchen 124
   Pekannuss-Brownies 28
Milch-Karamell-Brotaufstrich: Alfajores 110
Mini-Focaccia 74
Mohnmischung (backfertig) 15
   Mohn-Bananen-Kuchen 19
   Mohn-Kirsch-Kuchen 26
   Mohn-Orangen-Kekse 107
Mokkalikör: Mokkamisu-Törtchen 124
Mousse: Cupcakes mit Blitz-Topping 32
Mozzarella: Lachs-Mozzarella-Toreletts 56
Muffins
   Heidelbeermuffins 30
   Herzhafte Partymuffins 34

N

Nüsse 100, 101
   Apfel-Mandel-Kuchen 22
   Bananentaschen 88
   Beeren-Nuss-Crumble 50
   Butterkuchen 64
   Cantuccini mit Nüssen 112
   Flammkuchen mit Himbeeren und Marzipan 95
   Haferplätzchen 108
   Herzhafte Käse-Nuss-Ecken 130
   Käse-Tomaten-Taschen 89
   Mohn-Orangen-Kekse 107
   Nuss-Nougat-Kuchen 44
   Nuss-Schnittlauch-Plätzchen 114
   Nusstaschen 88
   Pekannuss-Brownies 28
   Rotwein-Nuss-Kuchen 19
   Schoko-Macadamia-Cookies 104
   Schoko-Mandel-Taler 106
   Schokokuchen ohne Mehl 120
   Vanillesterne 106
   Wein-Trauben-Flaugnardes 126
Nussnougat 40
   Apfel-Nougat-Crumble 50
   Nuss-Nougat-Kuchen 44

O

Oliven
   Feta-Kartoffel-Quiche 52
   Gemüse-Tofu-Strudel 90
Orangenschale 41
   Mohn-Orangen-Kekse 107

P

Pekannuss-Brownies 28
Pesto alla genovese 79
   Flammkuchen mit Champignons und Radicchio 95
   Lachs-Mozzarella-Toreletts 56
   Polenta-Pizza 128
Pfirsich-Holunder-Galette 48
Pflaumen 61
   Pflaumentartes 80
Piadina 54
Pide: Hackfleisch-Lauch-Pide 96
Pizza: Polenta-Pizza 128
Pizzateig 78
   Flammkuchen klassisch mit Speck und Zwiebeln 94
   Flammkuchen mit Champignons und Radicchio 95
   Flammkuchen mit Himbeeren und Marzipan 95
   Flammkuchen mit Tomaten und Zucchini 94
   Hackfleisch-Lauch-Pide 96
Polenta-Pizza 128
Pralinenbuchteln 68
Prosecco-Törtchen mit Beeren 125

Q

Quark 41
   Feta-Kartoffel-Quiche 52
   Flammkuchen mit Tomaten und Zucchini 94
   Herzhafte Partymuffins 34
   Käsekuchen ohne Boden 122
   Kokosschnecken 66
   Lachs-Mozzarella-Toreletts 56
   Mohn-Kirsch-Kuchen 26
   Nuss-Schnittlauch-Plätzchen 114
   Pfirsich-Holunder-Galette 48
   Prosecco-Törtchen mit Beeren 125
   Quiche: Feta-Kartoffel-Quiche 52

R

Radicchio: Flammkuchen mit Champignons und Radicchio 95
Räucherlachs: Lachs-Mozzarella-Toreletts 56
Rotwein-Nuss-Kuchen 19
Rucola: Piadina 54

S

Sahne: Cupcakes mit Holundersahne 33
Salzmandeln
  Bananentaschen 88
  Schoko-Mandel-Taler 106
Sandkuchen 16
Schinken
  Flammkuchen klassisch mit Speck und Zwiebeln 94
  Herzhafte Käse-Nuss-Ecken 130
  Herzhafte Partymuffins 34
  Herzhafter Rosenkuchen 72
  Piadina 54
Schnittlauch: Nuss-Schnittlauch-Plätzchen 114
Schokoküsse: Cupcakes mit Mokka-Kuss 33
Schokolade 118
  Schoko-Macadamia-Cookies 104
  Schoko-Mandel-Taler 106
  Schokokuchen ohne Mehl 120
  Bananentaschen 88
  Cranberry-Kokos-Kuchen 18
  Haferplätzchen 108
  Mohn-Bananen-Kuchen 19
  Pekannuss-Brownies 28
  Schoko-Mandel-Taler 106
  Schwarzwälder-Kirsch-Törtchen 125
  Weißer-Schoko-Käsekuchen 42
Schokotropfen 101
  Flammkuchen mit Himbeeren und Marzipan 95
  Kokosschnecken 66
  Nusstaschen 88
  Pekannuss-Brownies 28
  Schoko-Macadamia-Cookies 104
  Schoko-Mandel-Taler 106
Schweineöhrchen: Ingwer-Schweineöhrchen 86
Sonnenblumenbrot ohne Kneten 70
Speck
  Flammkuchen klassisch mit Speck und Zwiebeln 94
  Sauerkrautkuchen 65
Speisestärke 100
  Alfajores 110
  Antipastikuchen 36
  Beeren-Nuss-Crumble 50
  Cranberry-Kokos-Kuchen 18
  Cupcakes mit Blitz-Topping 32
  Cupcakes mit Holundersahne 33
  Cupcakes mit Mokka-Kuss 33
  Cupcakes mit Schoko-Topping 32
  Käsekuchen ohne Boden 122
  Mohn-Bananen-Kuchen 19
  Mohn-Kirsch-Kuchen 26
  Pfirsich-Holunder-Galette 48
  Rotwein-Nuss-Kuchen 19
  Sandkuchen 16
  Schoko-Mandel-Taler 106
  Zitronen-Ausstecherle 102
  Zitronenkuchen 18
Streuselkuchen 65

T

Tartes
  Pflaumentartes 80
  Tarte Tatin 82
  Zitronentarte 46
TK-Blattspinat: Herzhafter Rosenkuchen 72
TK-Kräuter 79
  Feta-Kartoffel-Quiche 52
  Gemüse-Tofu-Strudel 90
  Hackfleisch-Lauch-Pide 96
  Nuss-Schnittlauch-Plätzchen 114
  Tomaten-Cobbler 51
TK-Zwiebeln: Herzhafter Rosenkuchen 72
Tofu: Gemüse-Tofu-Strudel 90
Tomaten
  Feta-Kartoffel-Quiche 52
  Flammkuchen mit Tomaten und Zucchini 94
  Garnelenküchlein 92
  Hackfleisch-Lauch-Pide 96
  Herzhafter Rosenkuchen 72
  Käse-Tomaten-Taschen 89
  Lachs-Mozzarella-Torteletts 56
  Piadina 54
  Polenta-Pizza 128
  Tomaten-Cobbler 51

V

Vanillecremepulver: Kirsch-Knusperschnitten 84
Vanillepuddingpulver 61
  Heidelbeermuffins 30
  Kokosschnecken 66
  Streuselkuchen 65
Vanillesterne 106

W

Walnüsse 100, 101
  Cantuccini mit Nüssen 112
  Käse-Tomaten-Taschen 89
  Nuss-Nougat-Kuchen 44
  Nuss-Schnittlauch-Plätzchen 114
Wein-Trauben-Flaugnardes 126
Weintrauben: Wein-Trauben-Flaugnardes 126
Weißer-Schoko-Käsekuchen 42
Wiener Böden: Prosecco-Törtchen mit Beeren 125
Wiener Würstchen: Wurströllchen 89
Wurströllchen 89

Y

Yufkateig 78
  Garnelenküchlein 92
  Gemüse-Tofu-Strudel 90

Z

Zimtpulver 60
  Apfel-Mandel-Kuchen 22
  Apfel-Nougat-Crumble 50
  Gemüse-Tofu-Strudel 90
  Heidelbeermuffins 30
  Pflaumentartes 80
  Streuselkuchen 65
  Tarte Tatin 82
  Wein-Trauben-Flaugnardes 126
  Zwetschgendatschi 64
Zitronen-Ausstecherle 102
Zitronenkuchen 18
Zitronensaft 41
  Apfel-Mandel-Kuchen 22
  Apfel-Nougat-Crumble 50
  Aprikosen-Cobbler 51
  Gemüse-Tofu-Strudel 90
  Heidelbeermuffins 30
  Herzhafter Rosenkuchen 72
  Käsekuchen ohne Boden 122
  Lachs-Mozzarella-Torteletts 56
  Mango-Joghurt-Törtchen 124
  Mohn-Bananen-Kuchen 19
  Pfirsich-Holunder-Galette 48
  Prosecco-Törtchen mit Beeren 125
  Schoko-Macadamia-Cookies 104
  Tarte Tatin 82
  Zitronen-Ausstecherle 102
  Zitronenkuchen 18
  Zitronentarte 46
Zitronenschale 41
  Cupcakes mit Holundersahne 33
  Käsekuchen ohne Boden 122
  Pfirsich-Holunder-Galette 48
  Zitronen-Ausstecherle 102
  Zitronenkuchen 18
  Zitronentarte 46
Zitronentarte 46
Zopf: Hefezopf 62
Zucchini: Flammkuchen mit Tomaten und Zucchini 94
Zwetschgendatschi 64
Zwiebeln
  Flammkuchen klassisch mit Speck und Zwiebeln 94
  Flammkuchen mit Champignons und Radicchio 95
  Herzhafte Käse-Nuss-Ecken 130
  Wurströllchen 89

So viel mehr lecker.

ISBN 978-3-8338-2627-6

ISBN 978-3-8338-2520-0

ISBN 978-3-8338-3339-7

ISBN 978-3-8338-3334-2

ISBN 978-3-8338-1579-9

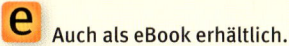
Auch als eBook erhältlich.

Mehr von GU auf **www.gu.de** und
facebook.com/gu.verlag

Willkommen im Leben.

IMPRESSUM

© Food and Nude Photography

Der Autor

Martin Kintrup kochte und backte schon während seines Studiums leidenschaftlich gerne. Inzwischen hat er seine Lust am Kochen, Essen und Genießen zum Beruf gemacht. Als Autor und Redakteur arbeitet er für mehrere Verlage und hat schon zahlreiche Kochbücher geschrieben. Mit vielen verlockenden und bequemen Rezeptideen bringt er frischen Wind in die Backstube.

Die Fotografin

Coco Lang fotografiert Food und Stills in ihrem Werkstattstudio direkt am Münchner Viktualienmarkt. Mit kreativem Elan geht sie ans Werk und beeindruckt immer wieder mit überraschenden Ideen und feinem Gespür fürs Detail. Für dieses Buch hat sie gemeinsam mit Foodstylistin **Christina Kempe** Backwerke aller Art lässig und charmant gestaltet.

Bildnachweis
Alle Fotos: **Coco Lang**

Syndication:
www.jalag-syndication.de

Projektleitung:
Sabine Sälzer
Redaktionsassistenz:
Kerstin Noack
Lektorat, Satz/DTP, Gestaltung:
Redaktionsbüro Christina Kempe, München
Umschlag und Gestaltung:
independent Medien-Design, Horst Moser, München
Fotografie: **Coco Lang**
Foodstyling: **Christina Kempe**
Fotoassistenz: **Ayse Salman**
Korrektorat:
Petra Bachmann
Herstellung:
Renate Hutt
Repro:
medienprinzen GmbH, München
Druck und Bindung:
Printer Trento, Trento

© 2013 GRÄFE UND UNZER VERLAG GmbH, München

Alle Rechte vorbehalten. Nachdruck, auch auszugsweise, sowie Verbreitung durch Film, Funk, Fernsehen und Internet, durch fotomechanische Wiedergabe, Tonträger und Datenverarbeitungssysteme jeglicher Art nur mit schriftlicher Genehmigung des Verlages.

ISBN 978-3-8338-3336-6

1. Auflage 2013

Backofenhinweis
Die Backzeiten können je nach Herd variieren. Die Temperaturangaben beziehen sich auf das Backen im Elektroherd mit Ober- und Unterhitze und können bei Gasherden oder Backen mit Umluft abweichen. Details entnehmen Sie bitte Ihrer Gebrauchsanweisung.

Liebe Leserin, lieber Leser,

haben wir Ihre Erwartungen erfüllt? Sind Sie mit diesem Buch zufrieden? Haben Sie weitere Fragen zu diesem Thema? Wir freuen uns auf Ihre Rückmeldung, auf Lob, Kritik und Anregungen, damit wir für Sie immer besser werden können.

GRÄFE UND UNZER Verlag
Leserservice
Postfach 86 03 13
81630 München
E-Mail:
leserservice@graefe-und-unzer.de

Telefon: 0800 / 723 73 33*
Telefax: 0800 / 501 20 54*
Mo–Do: 8.00–18.00 Uhr
Fr: 8.00–16.00 Uhr
(* gebührenfrei in Deutschland)

Ihr GRÄFE UND UNZER Verlag
Der erste Ratgeberverlag – seit 1722.

 www.facebook.com/gu.verlag

Ein Unternehmen der
GANSKE VERLAGSGRUPPE

OBST, GEMÜSE & CO.

- ÄPFEL
- BANANEN
- BROMBEEREN
- CHAMPIGNONS (WEISS, BRAUN)
- ERDBEEREN
- FRÜHLINGSZWIEBELN
- HEIDELBEEREN
- HIMBEEREN
- JOHANNISBEEREN
- KARTOFFELN (FESTKOCHEND, VORWIEGEND FESTKOCHEND, MEHLIGKOCHEND)
- KNOBLAUCH
- LAUCH
- PFLAUMEN (ROT)
- RADICCHIO
- SPITZPAPRIKASCHOTE
- TOMATEN (DATTELTOMATEN, KIRSCHTOMATEN, FLEISCHTOMATEN)
- WEINTRAUBEN (GRÜN, ROT, KERNLOS)
- ZUCCHINI
- ZWETSCHGEN
- ZWIEBELN

FRISCHE KRÄUTER

- BASILIKUM
- MINZE
- PETERSILIE
- RUCOLA

KÜHLTHEKE

- BLÄTTERTEIG
- BUTTER
- CRÈME FRAÎCHE
- DOPPELRAHM-FRISCHKÄSE
- EMMENTALER (GERIEBEN)
- FILO- UND YUFKATEIG
- HEFE (FRISCH)
- JOGHURT (NATUR, SAHNEJOGHURT)
- KIRSCHGRÜTZE
- MASCARPONE
- MILCH
- MOUSSE (WEINMOUSSE, SCHOKOMOUSSE)
- MOZZARELLA
- PARMESAN (GERIEBEN, GEHOBELT)
- PIZZATEIG
- QUARK (MAGERQUARK, SAHNEQUARK, KRÄUTERQUARK)
- RÄUCHERKÄSE (IN SCHEIBEN)
- RÄUCHERLACHS (IN SCHEIBEN)
- RINDERHACKFLEISCH
- SAHNE
- SAURE SAHNE
- SCHAFSKÄSE (FETA)
- SCHINKEN (GERÄUCHERT, LUFTGETROCKNET, IN SCHEIBEN)
- SCHINKENWÜRFEL
- SCHMAND
- SCHWARZWÄLDER SCHINKEN (IN SCHEIBEN)
- SMOOTHIE (GELB)
- SPECKWÜRFEL
- TOFU
- WIENER WÜRSTCHEN
- ZIEGENFRISCHKÄSE

TIEFKÜHLTRUHE (TK)

- BEEREN (GEMISCHT)
- BLATTSPINAT
- GARNELEN
- HIMBEEREN
- ITALIENISCHE KRÄUTERMISCHUNG
- SCHNITTLAUCH
- ZWIEBELN

DIVERSES

- ACETO BALSAMICO
- APRIKOSENKONFITÜRE
- BALSAMICO BIANCO
- EIER (M)
- GEMÜSEBRÜHE
- HAFERFLOCKEN (KERNIG, ZART)
- HONIG
- INSTANT-POLENTA
- KAFFEE (LÖSLICH, PULVER)
- MILCH-KARAMELL-BROTAUFSTRICH
- ÖL (NEUTRAL)
- OLIVENÖL
- SALZMANDELN
- SEMMELBRÖSEL
- SENF (SCHARF, SÜSS)
- ZITRONENSAFT

NÜSSE, TROCKEN-FRÜCHTE & CO.

- ____ CRANBERRYS
- ____ HASELNÜSSE (GEMAHLEN, BLÄTTCHEN)
- ____ MACADAMIANÜSSE (GANZ, GESALZEN)
- ____ MANDELN (GEMAHLEN, GESTIFTELT, BLÄTTCHEN)
- ____ PEKANNUSSKERNE (GANZ)
- ____ SESAMSAMEN
- ____ SONNENBLUMENKERNE
- ____ WALNUSSKERNE (GANZ)

GEWÜRZE

- ____ INGWERPULVER
- ____ LEBKUCHENGEWÜRZ
- ____ PAPRIKAPULVER (EDELSÜSS)
- ____ PFEFFER
- ____ ROSMARIN
- ____ SALZ (FEINKÖRNIG, GROBES MEERSALZ)
- ____ THYMIAN
- ____ ZIMTPULVER

GETRÄNKE, ALKOHOL

- ____ HOLUNDERBLÜTENSIRUP
- ____ MOKKALIKÖR
- ____ PROSECCO
- ____ ROTWEIN
- ____ RUM (BRAUN)
- ____ WEISSWEIN (HALBTROCKEN)

AUS DEM BACKREGAL

- ____ BACKPULVER
- ____ BITTERMANDELAROMA
- ____ GELATINE (WEISS, BLÄTTER, SOFORT-GELATINE)
- ____ GLITZERZUCKER
- ____ HASELNUSSKROKANT
- ____ KAKAOPULVER
- ____ KOKOSRASPEL
- ____ KUCHENGLASUR (WEISS)
- ____ KUVERTÜRE (VOLLMILCH, ZARTBITTER)
- ____ MARZIPANROHMASSE
- ____ MEHL (WEIZENMEHL TYPE 405, WEIZENVOLLKORNMEHL, DINKELVOLLKORNMEHL)
- ____ MOHNMISCHUNG (BACKFERTIG)
- ____ NUSSNOUGAT
- ____ ORANGENSCHALE (GERIEBEN)
- ____ RUMAROMA
- ____ SAHNESTEIF
- ____ SCHOKO-MOKKABOHNEN
- ____ SCHOKORÖLLCHEN
- ____ SCHOKOSTREUSEL
- ____ SCHOKOTROPFEN
- ____ SPEISESTÄRKE
- ____ TROCKENHEFE
- ____ VANILLECREMEPULVER (ZUM KALTEN ANRÜHREN)
- ____ VANILLEPUDDINGPULVER (ZUM KOCHEN)
- ____ VANILLEZUCKER
- ____ WEICHWEIZENGRIESS
- ____ ZITRONENSCHALE (GERIEBEN)
- ____ ZUCKER (HAUSHALTSZUCKER, HAGELZUCKER, PUDERZUCKER)
- ____ ZUCKERKUGELN
- ____ ZUCKERPERLEN

AUS DOSE UND GLAS

- ____ ANTIPASTI (EINGELEGT)
- ____ APFELMUS
- ____ APRIKOSEN
- ____ KICHERERBSEN
- ____ MAISKÖRNER
- ____ MANGO
- ____ OLIVEN (SCHWARZ, OHNE STEIN)
- ____ PAPRIKASCHOTEN (EINGELEGT, GEGRILLT)
- ____ PESTO ALLA GENOVESE
- ____ PFIRSICHE
- ____ SAUERKRAUT
- ____ TOMATEN (GETROCKNET, IN ÖL)
- ____ ZITRONENGRASPASTE

SÜSSIGKEITEN & GEBÄCK

- ____ AMARETTINI
- ____ CANTUCCINI
- ____ DOPPELKEKSE (Z.B. PRINZEN-ROLLE)
- ____ LÖFFELBISKUITS
- ____ MARZIPANKARTOFFELN
- ____ PRALINEN (Z.B. MOZARTKUGELN)
- ____ SCHOKOKÜSSE
- ____ SCHOKOLADE (VOLLMILCH, ZARTBITTER, WEISS)
- ____ SCHOKOLADEN-COOKIES
- ____ WIENER BÖDEN

Auch zum Download auf
www.gu.de/backenfuerfaule